Flood and Sediment Disaster Countermeasures

改訂版 弁護士のための

水害・土砂災害対策

QA

大規模災害から通常起こり得る災害まで

日本弁護士連合会
災害復興支援委員会
［編著］

For Lawyers

第一法規

巻頭言（改訂版）

　平成は災害の時代であった。とりわけ、区切りとなった平成30年は、大阪府北部地震、西日本豪雨、北海道胆振東部地震など災害が頻発した1年となった。

　災害は人間にとって極めて非情な事象であるが、日本に共生する限り避けて通れないリスクである。近時、社会全体が災害対策に向き合うようになったのと同時に、弁護士も被災者支援が自らの本質的使命であることを自覚するようになった。

　弁護士の使命を全うするためには、「知識」と「経験」と「志」が欠かせない。そこで、全ての弁護士が災害時の被災者支援に臨むことができるよう、知識を備え、経験を共有し、志を涵養するため、平成27年に本書（初版）が誕生した。

　本書は、水害・土砂災害に対する法律問題にターゲットを絞って、漏れなくＱＡを掲載した他に類のないハンドブックであった。お陰様で好評を得て、その後に発生した数々の災害にもお役に立てたと自負している。

　しかし、超広域に被害をもたらした西日本豪雨災害では新たな問題が続出した。災害は常に想定外の課題を発掘し、社会の弱点をあぶりだす。ゆえに、被災者は苦しみ、弁護士も悩んだ。弁護士が取り組む被災者支援にルーチンは許されず、たえず改良と向上を図らなければならない。被災者支援に取り組んだ弁護士たちが、「二度と同じ轍を踏まないようにしよう」、そう決意して改めて編纂したのが本書（改訂版）である。

　初版と同様に、日本弁護士連合会災害復興支援委員会のメンバーと

広島弁護士会災害対策委員会の委員を中心に、全国各地で被災者支援に取り組んだ弁護士らが総力を挙げて執筆を担当した。新たな「知識」を整理し、西日本豪雨の「経験」をふんだんに反映した。そして「志」の高さは保持した。

令和元年の台風シーズンに間に合うよう急いで編集に当たった。突貫工事のため、迷いの中で記述した項もあるし、現場における臨機応変な判断に委ねた項もある。ぜひ次の災害で新たな課題に直面したときは、本書の向上に資するよう積極的な問題提起をお願いしたい。

編集事務は膨大におよんだ。村木大介様をはじめ第一法規の皆様の適切な助言と協力がなければ改訂版を世に送り出すことはできなかった。そして、夜を徹して取り組んだ執筆者陣と、本間博子委員をはじめ数名の編集担当委員の献身的な努力に支えられた。ここに記して心より感謝したい。

弁護士のみならず、支援に携わる行政・民間の方々、そして被災者自身の生活再建に役立つことを願ってやまない。

令和元年6月

　　　　　日本弁護士連合会災害復興支援委員会　委員長　津久井進

　　　　同副委員長・広島弁護士会災害対策委員会　委員長　今田健太郎

巻頭言（初版）

　本書は、豪雨災害・土砂災害がわが国で頻発する現状に鑑み、最も身近な災害にいち早く弁護士が対応できるよう、弁護士が被災者からの法律相談での回答や、被災者に生じた法律問題への適切な対処を行っていただく際に利用されることを想定して作成したものです。

　本書執筆中の平成27年9月に発生した茨城県常総市の堤防決壊等による浸水被害は、1か月を経過しても避難所生活を継続している方々が400人を超えているという報道がなされています。また、昨年（平成26年）だけでも7月の台風第8号及び梅雨前線等による被害（山形県、福島県、新潟県、長野県、愛媛県、熊本県、沖縄県）、同年8月の大雨による被害（京都府、兵庫県、滋賀県、岐阜県、石川県）、同月の台風第12号及び第11号による被害（栃木県、京都府、兵庫県、和歌山県、三重県、山口県、青森県、徳島県、高知県）、さらには同月の広島市における豪雨災害等があり枚挙に暇がない状況です。

　こうした状況下では、直ちに被災者のみなさんの日常生活が脅かされ、そこから発生する法律問題に心を悩ますことになります。弁護士は、このような被災者のみなさんに寄り添い、心を悩ます法律問題を解決するための必要な情報を提供し、あるいはその解決に被災者及び各方面からの支援者と共にスクラムを組んで取り組みます。

　設問はこれまで豪雨災害・土砂災害における被災者支援活動として取り組んだ各地の弁護士の法律相談活動の経験から抽出した大小様々な視点から設定されています。したがって、前述のとおり今後の豪雨災害・土砂災害において相談活動を行う弁護士に役立つことはもちろん、被災者支援に取り組む行政機関の皆様や被災者に寄り添い支援を

するボランティアの皆様にもお役に立てるものと考えます。

　なお、設問に対する回答は、日本弁護士連合会に所属する弁護士が法令、裁判例、行政実務等を調査し、現時点における解決策等を提示したものであり、今後、日本弁護士連合会等が各種の立法提言等を行い、適切な支援策が講じられることによりその回答には変更があり得るものであることをご承知いただきたいと存じます。

　本書が、広く関係者の皆様に利用され、被災者支援活動のお役に立てることを願う次第です。

平成27年12月

日本弁護士連合会災害復興支援委員会

委員長（初版発刊時）　中野明安

目　次

巻頭言（改訂版）

巻頭言（初版）

第1部　災害現場における住民からの相談例

1　罹災証明・義援金・生活支援等

Q1 台風被害で、通帳、キャッシュカード、実印や届出印がな
くなってしまいました。どうすればよいでしょうか。……… 3

Q2 罹災証明書とは何ですか。……………………………… 5

Q3 浸水被害後、まだ罹災証明書が発行されません。いつ頃発
行されますか、またどのように認定されるのですか。……… 7

Q4 応急危険度判定の赤紙表示と、罹災証明書の全壊認定は一
緒ですか。……………………………………………… 9

Q5 自治体が被災証明書を発行してくれると聞きました。罹災
証明書とどう違うのですか。…………………………… 11

Q6 相談者の家も相談者の隣の家も、同じように土砂が流れ込
んでいるように思える場合に、相談者宅は床下浸水とさ
れ、隣家は半壊と認定されました。不服申立ての制度はな
いのでしょうか。……………………………………… 13

Q7 罹災証明書では一部損壊とされましたが納得がいきませ
ん。争うことは可能でしょうか。……………………… 14

Q8 全国から被災地へ寄付金が集まっていると聞きます。義援
金はいつ頃、どうすればもらえますか。……………… 17

Q9 相談者が居住している家には義援金が配分されましたが、
所有しているだけで居住していない空き家には義援金が配
分されず、また、所有する農地にも義援金は配分されない
ようです。何とかしてもらえないのでしょうか。………… 19

Q10 生活保護を受給していますが、義援金をもらったら、生活

V

保護は停止されると言われて不安です。義援金をもらわない方がよいですか。‥‥‥‥‥‥‥‥‥‥‥‥‥‥‥‥ 20

Q11 土砂災害に被災した場合の税務上の優遇措置としては、どのようなものがありますか。‥‥‥‥‥‥‥‥‥‥‥‥‥ 22

Q12 土砂災害に被災した場合、学費や医療費、その他生活上の優遇措置としてはどのようなものがありますか。‥‥‥‥‥ 26

Q13 相談者は、半年という期限で、借上げ型応急住宅（みなし仮設住宅）に入所するという契約を結ばされたようです。半年後には出なければなりませんか。‥‥‥‥‥‥‥‥‥ 28

Q14 被災者の方が、長期避難で精神的に疲れているようです。何かフォローする制度はありませんか。‥‥‥‥‥‥‥‥ 30

Q15 相談者の隣の家には早々にボランティアが来て土砂を撤去しましたが、相談者の家にはなかなか来てくれないようです。ボランティアはどのような形で運営されているのですか。‥‥‥‥‥‥‥‥‥‥‥‥‥‥‥‥‥‥‥‥‥‥‥ 32

2 公的支援制度

Q1 避難所はどのような場合に設置されますか。また、避難所にはいつまでいられますか。‥‥‥‥‥‥‥‥‥‥‥‥ 35

Q2 災害救助法の応急修理制度とは何ですか。制度利用に当たり注意すべきことがありますか。‥‥‥‥‥‥‥‥‥‥‥ 37

Q3 応急仮設住宅とは何ですか。‥‥‥‥‥‥‥‥‥‥‥ 39

Q4 1 災害ケースマネジメントとは何ですか。
2 被災者生活再建ノートはどこで手に入りますか。‥‥‥ 42

Q5 被災者生活再建支援金について教えてください。‥‥‥‥ 47

Q6 災害弔慰金について教えてください。‥‥‥‥‥‥‥‥ 53

Q7 災害関連死とは何ですか。また、災害弔慰金はどのような場合に、いくら支払われるのでしょうか。災害弔慰金が不支給となった場合、どのようにしたらよいでしょうか。‥‥‥ 55

Q8 その他の公的な支援制度について教えてください。‥‥‥‥ 59

Q9 住民票上の住所は被災地以外にあるのですが、被災地に土

地・建物を所有しており、時々行き来をして生活していました。その住宅が災害で全壊しました。被災地における住宅に関する公的助成制度の適用を受けることができるのでしょうか。‥‥‥‥‥‥‥‥‥‥‥‥‥‥‥‥‥‥‥‥‥‥ 62

Q10 救援物資の情報を教えてください。‥‥‥‥‥‥‥‥‥‥‥ 64

Q11 自宅には被害はないのですが、ライフラインの復旧がありません。この場合、補償はあるのでしょうか。‥‥‥‥‥‥ 67

Q12 土砂の流入により、農地や水路が埋まるとともに、ビニールハウスが倒壊し、また、農機具と農作物がダメになってしまいました。支援制度はないでしょうか。‥‥‥‥‥‥ 69

Q13 土砂で墓が流されてしまいました。整備や再建をしたいのですが、何か支援はないでしょうか。‥‥‥‥‥‥‥‥‥‥ 72

Q14 義援金が住民票に基づいて配分され、実態は2世帯なのに1世帯として扱われて、配分額も少なくなってしまいました。どうしたらよいでしょうか。‥‥‥‥‥‥‥‥‥‥ 73

3 相隣関係

Q1 私の所有している土地に上流から土砂や瓦礫が流れ込んできました。誰の費用と責任で片付けるのでしょうか。‥‥‥ 76

Q2 私が所有する崖地の地盤が豪雨で緩み、相当量の土砂が隣地に流入した結果、隣地所有者が境界付近に設置していた外塀が崩壊してしまいました。隣地所有者から損害賠償を請求されていますが、私に賠償義務はあるのでしょうか。‥‥ 78

Q3 所有している山林の立木が台風で倒れて近隣に被害を与えたときの山林所有者である私の責任はどうなるのでしょうか。‥‥‥‥‥‥‥‥‥‥‥‥‥‥‥‥‥‥‥‥‥‥‥‥‥ 82

Q4 台風で瓦が飛んで隣の建物を破壊したら、賠償しなければならないのでしょうか。‥‥‥‥‥‥‥‥‥‥‥‥‥‥‥‥ 85

Q5 土砂により隣地駐車場にあった車両が流され、自己所有地の柵を損壊しました。車両所有者に柵の補修費用を請求できないでしょうか。‥‥‥‥‥‥‥‥‥‥‥‥‥‥‥‥‥‥ 88

VII

Q6 隣地の土砂が今にも崩れ落ちてきそうな状態です。土砂の
撤去や土砂流出の再発がないような工事を自治体がしてく
れないでしょうか。 ……………………………………… 89

Q7 相談者宅の隣家から、土砂と一緒に、車や家財道具などが
流れ込んだ場合に隣の人に撤去を要請できますか。 ……… 91

Q8 相談者宅の敷地内に所有者不明の家財道具があります。勝
手に処分してもよいのでしょうか。 ………………………… 93

Q9 土砂が相談者の家の床下に大量に流れ込んだ場合、放置し
てよいのでしょうか。近隣から何か言われたときには、撤
去する義務はありますか。 ……………………………… 94

4 土砂の撤去

Q1 災害の後、現場への立入り制限が解除されず、ボランティ
アも入ることができないといわれています。土砂等の撤去
のため、勝手に制限区域に入ってもよいでしょうか。 …… 96

Q2 土砂災害が起きた場合、自宅などに流れ込んだ土砂は、誰
が撤去することになりますか。 ………………………… 97

Q3 相談者の家は、高齢者しかおらず、自力では土砂を撤去で
きません。行政は土砂を撤去してくれないのですか。 …… 99

Q4 被災直後に業者に依頼して、土砂を撤去しました。自分で
支払った費用について、公的な補助はありますか。 …… 101

Q5 大雨で崩れた山の土砂が田んぼに流れ込んできました。撤
去費用や復旧費用はどうなりますか。
　⑴ 土砂が誰の所有する山の土地から流れてきたのか、わ
かりません。
　⑵ 流れてきた土砂の山の土地の持ち主はわかりますが、
遠方に住んでいるようです。 ………………………… 103

Q6 私の田んぼに大量の土砂が流入しましたが、いつまでたっ
ても土砂の撤去に来てもらえません。自治体は自宅や敷地
などが優先だと言うのですが、やむを得ないのでしょうか。‥ 105

目次

5 所有不動産

Q1 台風被害で、家の権利証が流されてしまいました。権利は
なくなるのでしょうか。‥‥‥‥‥‥‥‥‥‥‥‥‥ 107

Q2 自宅が浸水したため、家具や家電など、大量の災害ごみが
あります。どうすればよいですか。‥‥‥‥‥‥‥‥ 109

Q3 土砂により近所の土地数十軒が、約1メートル縦横に移動
しました。境界はどうなるのでしょうか。‥‥‥‥‥ 111

Q4 境界標が土砂で流されてしまいました。境界を確定するに
はどうしたらよいでしょうか。‥‥‥‥‥‥‥‥‥‥ 114

Q5 床下浸水しました。5年前に家を建てたメーカーに修理を
頼んでも来てくれませんし、修理業者を紹介してもくれま
せん。どうすればよいでしょうか。‥‥‥‥‥‥‥‥ 117

Q6 洪水で床下浸水したところ、無料で検査をするという業者
にみてもらったら、修理に50万円が必要と言われました。
修理してもらって、大丈夫でしょうか。‥‥‥‥‥‥ 119

Q7 全壊した自宅を撤去してくれる業者を見つけたので、依頼
しようと思っています。注意することはありますか。‥‥ 121

Q8 床下の修理業者と契約しましたが、高額すぎるようなの
で、取消しをしたいと思っています。何か方法はあります
か。‥‥‥‥‥‥‥‥‥‥‥‥‥‥‥‥‥‥‥‥‥ 123

Q9 2年前に、土地・建物を購入しました。建物を囲うブロッ
クが崩れ、売主が費用を負担し、修繕してくれました。残
りのブロックも崩れそうで怖いので、同様に売主に修繕し
てほしいのですが請求できるでしょうか。‥‥‥‥‥ 125

Q10 2年前に住宅（土地・建物）を購入しました。最近になっ
て、購入当時、土砂災害警戒区域に指定されていたことを
知りました。売主や仲介業者に何らかの責任追及できるの
でしょうか。‥‥‥‥‥‥‥‥‥‥‥‥‥‥‥‥‥ 127

Q11 今まで雨漏りはなかったのですが、5月に屋根の塗装工事
をしたところ、施工が不十分で、台風により雨漏が発生

IX

しました。施工業者に損害賠償を請求できるでしょうか。‥ 130

Q12 台風の影響で倒れた電柱が当たり、屋根が壊れてしまいました。誰が補償するのでしょうか。損害賠償請求できないでしょうか。・・・・・・・・・・・・・・・・・・・・・・・・・・・・・・ 132

Q13 土砂流入によって、相談者の所有する建物の構造に影響があったようです。建物の安全性について、相談する場所などはないでしょうか。・・・・・・・・・・・・・・・・・・・・・・・・・ 135

Q14 川があふれて洪水になり、流されてきた他人所有の車がぶつかって、自宅の壁が壊れました。損害賠償請求できますか。・・・・・・・・・・・・・・・・・・・・・・・・・・・・・・・・・・・・ 137

Q15 洪水で浸水した工場が爆発して、隣にあった自宅が壊れました。損害賠償請求できますか。・・・・・・・・・・・・・・・・・・・ 138

Q16 山林の土地を相続しました。遠方に住んでいるため、手入れなどはしていませんでした。下の土地の方から、大雨でその山の土地が崩れたから、直してほしいと言われました。数百万円はかかるようです。土地を手放すことはできないのでしょうか。・・・・・・・・・・・・・・・・・・・・・・・・・ 140

Q17 自宅が住宅の建築等が禁止される、災害危険区域に建っていたことがわかりました。自宅を購入した際、不動産会社からはそのような説明はありませんでした。損害賠償請求できますか。他の場所に引越しをする場合、援助金などがありますか。・・・・・・・・・・・・・・・・・・・・・・・・・・・・ 142

Q18 川があふれて洪水になり、自宅が浸水しました。川があふれた原因は、上流のダムが水を放流したからという話があります。損害賠償請求できますか。・・・・・・・・・・・・・・ 145

Q19 河川の氾濫で石垣が流出しました。管理者に責任を問えるのでしょうか。・・・・・・・・・・・・・・・・・・・・・・・・・・・・ 148

6 借地・借家

Q1 台風の影響で借りている家の一部が崩壊しました。修繕は家主負担となるのでしょうか。また台風の影響で、畳・建

目次

具が損壊したときはどうなりますか。‥‥‥‥‥‥‥‥‥ 150

Q2 台風の影響で借りている建物が全壊した場合、家の賃貸借
契約はどうなるのでしょうか。土地の賃貸借契約はどうな
るのでしょうか。‥‥‥‥‥‥‥‥‥‥‥‥‥‥‥‥‥ 153

Q3 台風により建物の一部が損壊した状態になってしまったの
ですが、賃料を全部支払わなければならないでしょうか。‥ 154

Q4 店舗内に土砂、雨水が流入してしまいました。家主に修繕
を求めることができるでしょうか。‥‥‥‥‥‥‥‥‥ 156

Q5 借りていた建物の1階が浸水したため賃貸人から退去を求
められています。応じなければならないでしょうか。‥‥‥ 158

7 その他の不動産

Q1 里道（いわゆる赤線道路）に落石があり、通れません。撤
去してもらうにはどうすればよいでしょうか。‥‥‥‥‥ 160

Q2 沢の復旧、治水工事について誰に頼めばよいでしょうか。‥ 161

Q3 河川の設置、管理が不十分であった場合、責任追及ができ
るでしょうか。また、どのような請求が可能でしょうか。‥ 163

8 保険

Q1 火災保険に入っていますが、浸水による被害でも保険金は
下りるのでしょうか。また、自動車が水没した場合には、
自動車保険（車両保険）は使えるのでしょうか。‥‥‥‥ 165

Q2 借家が浸水しました。家財保険には入っていましたが、保
険金は出ますか。‥‥‥‥‥‥‥‥‥‥‥‥‥‥‥‥‥ 167

Q3 店の商品が浸水しました。火災保険による保障はあるので
しょうか。‥‥‥‥‥‥‥‥‥‥‥‥‥‥‥‥‥‥‥‥ 169

Q4 台風の被害で自宅の屋根が壊れてしまいました。保険の査
定を依頼したのですが、査定金額に納得ができません。こ
の保険の査定金額について争うことができるのでしょうか。 170

Q5 台風が原因で起きた事故に賠償責任保険が下りるのでしょ
うか。‥‥‥‥‥‥‥‥‥‥‥‥‥‥‥‥‥‥‥‥‥‥ 172

Q6 台風で流された後回収した自動車が動かなくなってしまい

XI

ました。保険金はもらえますか。また、自動車の廃車手続
はどうするのでしょうか。‥‥‥‥‥‥‥‥‥‥‥‥‥‥ 175

9 ローン・リース

Q1 いわゆる住宅の二重ローン問題対策について教えてくださ
い。‥‥‥‥‥‥‥‥‥‥‥‥‥‥‥‥‥‥‥‥‥‥‥‥ 177

Q2 住宅ローン残債務について金融機関は利息のみ払い続ける
内容の支払猶予の提案しかしてくれません。何とかならな
いでしょうか。‥‥‥‥‥‥‥‥‥‥‥‥‥‥‥‥‥‥‥ 180

Q3 地元の金融機関に、被災者を貸付対象者とするローンを組
みたいと相談しましたが、扱っていないと言われました。
どうすればよいですか。‥‥‥‥‥‥‥‥‥‥‥‥‥‥‥ 183

Q4 抵当権が設定されている建物が半壊しました。これにより
借入金（住宅ローン等）の期限の利益を喪失してしまうの
でしょうか。また、これにより金融機関から増担保を請求
されるのでしょうか。‥‥‥‥‥‥‥‥‥‥‥‥‥‥‥‥ 186

Q5 ローン購入していた自動車が流されてしまいました。自動
車のローンはどうなるのでしょうか。‥‥‥‥‥‥‥‥‥ 188

Q6 事業用に自動車のリースを利用しています。自動車が流さ
れて使用できなくなった場合でもリース料を払う必要があ
るのでしょうか。また、自動車は残りましたが、事業所が
流されたのでリース契約を解除したいのですが、違約金は
発生しますか。‥‥‥‥‥‥‥‥‥‥‥‥‥‥‥‥‥‥‥ 190

Q7 自宅を修繕するために借入れをしたいと思っています。住
宅金融支援機構の災害リバースモーゲージって何ですか。
災害援護資金や、福祉資金貸付けとの違いも教えてくださ
い。‥‥‥‥‥‥‥‥‥‥‥‥‥‥‥‥‥‥‥‥‥‥‥‥ 192

10 事業

Q1 事業所の施設が土砂の流入により直接被害を受け、営業を
停止せざるを得なくなりました。この場合従業員には休業
手当を払わなければならないでしょうか。また、事業所の

施設が直接被害を受けているわけではないものの、もし、
事業所のある地域に避難指示が出されて営業ができないよ
うな場合も、同様に休業手当を払わなければならないで
しょうか。他方、交通事情等により原材料等の仕入れが困
難になり休業する場合はどうでしょうか。・・・・・・・・・ 194

Q2 大型台風が近づいて、避難勧告が出たので、会社を休んで
避難しましたが、上司からは出社するように言われていま
した。懲戒されてしまいますか。・・・・・・・・・・・・・ 196

Q3 大型台風が近づき、大雨洪水特別警報が発令され、さら
に、勤務先の自治体において、避難勧告が出ました。しか
しながら、会社は自宅待機命令を出さなかったため、出社
しようとしていた社員が、地下鉄の階段に流れ込んできた
雨水に足をとられ、滑り落ちてけがをしました。会社に責
任はあるのでしょうか。・・・・・・・・・・・・・・・・・ 198

Q4 大型台風が近づいて、自宅周辺の地域に特別警報が出まし
たが、会社は通常どおりの終業時間でした。そのため、帰
宅したときには、自宅にあった自動車が水没してしまいまし
た。会社に損害賠償請求できますか。・・・・・・・・・・・ 200

Q5 自身が経営する工場が土砂崩れによって流されたのです
が、支援金等、何らかの支援制度はないでしょうか。・・・・・・ 202

Q6 事業場が浸水しました。復旧のための借入れの支援等はあ
りますか。・・・・・・・・・・・・・・・・・・・・・・・ 204

11 その他

Q1 自動車を修理していたため代車を借りていたのですが流さ
れました。損害賠償義務はあるのでしょうか。・・・・・・・・・ 206

Q2 生活保護受給中に、雷で家電製品がすべてダメになりまし
た。親せきから新しい家電をもらいたいと考えています。
生活保護課に相談したところ、それは収入になるから生活
保護打切りになると言われましたが、本当なのでしょうか。・・ 207

Q3 自衛隊に1か月間敷地を利用させていた場合に補償はある

XIII

のでしょうか。・・ 209

Q4 人命救助のため自衛隊によって瓦礫が自宅敷地内に投棄されたのですが、撤去を求められるでしょうか。・・・・・・・・・ 211

Q5 自衛隊や救急隊が人命救助のために自宅建物の一部を壊してしまいました。その場合、補償を求めることができるでしょうか。・・・ 213

Q6 適切に避難勧告が出されていれば、車で逃げることができたと思います。そのような場合、避難勧告が遅れたことを理由に、全壊した車の修理費用を市に請求できるのでしょうか。・・ 215

Q7 被災した納屋を整理していたら、古い銃砲や刀剣が発見されました。どのように処理すればよいでしょうか。・・・・・・・ 218

第2部 発災前の備えと発災後の復興

1 土砂災害への備えと警戒区域の指定

Q1 自宅に土砂災害の危険があるかどうかは、どうすればわかりますか。・・ 223

Q2 どのような気象条件がそろったら、土砂災害を警戒しなければなりませんか。・・・・・・・・・・・・・・・・・・・・・・・・・・・・・・・・・・・ 225

Q3 イエローゾーン、レッドゾーンという言葉を聞きますが、誰がいかなる法律によって指定するのですか。・・・・・・・・・ 228

Q4 警戒区域（イエローゾーン）に指定された場合、どのような影響がありますか。・・・・・・・・・・・・・・・・・・・・・・・・・・・・・・・ 229

Q5 特別警戒区域（レッドゾーン）に指定された場合、どのような影響がありますか。・・・・・・・・・・・・・・・・・・・・・・・・・・・・ 231

Q6 警戒区域（イエローゾーン）に指定されると、地価が下がると聞いたことがあります。不服申立ての制度はありますか。・・ 233

Q7 急傾斜地崩壊危険区域に指定された場合のメリットとデメリットを教えてください。・・・・・・・・・・・・・・・・・・・・・・・・・・・・ 234

2　復興まちづくり支援・防災・都市計画

Q1 地域防災計画に基づき、地域ごとのハザードマップなどを
作成するためには、どのような方法がありますか。‥‥‥ 238

Q2 砂防事業を実施するために、工事用道路を拡幅するとのこ
とです。補償はありますか。また、補償の金額に納得でき
ない場合、どのような方法がありますか。‥‥‥‥‥‥ 240

Q3 公園をつくりたい、道路を拡張してほしい、安全な集会所
を設置してほしい、という地域の要望を実現するために専
門家が果たすべき役割としてどのような方法があります
か。‥‥‥‥‥‥‥‥‥‥‥‥‥‥‥‥‥‥‥‥‥‥ 242

Q4 住んでいた場所には怖くて戻りたくないが行政は土地を買
い取ってくれないという相談者のために、何かよい方法は
ありませんか。‥‥‥‥‥‥‥‥‥‥‥‥‥‥‥‥‥ 244

Q5 復興まちづくりについて、被災地域の相談を受けた場合、
どのように行政と交渉することが望ましいでしょうか。‥‥ 246

第3部　豪雨災害時における被災者支援活動

1　被災者支援活動の基本

Q1 災害時の法律相談を初めて担当します。災害発生時の法令
の基本を教えてください。‥‥‥‥‥‥‥‥‥‥‥‥‥ 251

Q2 被災弁護士会の支援のため、被災していない弁護士会で電
話相談を担当します。現地の情報などはどの程度、必要で
しょうか。‥‥‥‥‥‥‥‥‥‥‥‥‥‥‥‥‥‥‥ 253

Q3 「自然災害による被災者の債務整理に関するガイドライン」
（被災ローン減免制度）って、何ですか。‥‥‥‥‥‥ 255

Q4 「自然災害による被災者の債務整理に関するガイドライン」
（被災ローン減免制度）を利用すると、連帯保証人に請求
されますか。‥‥‥‥‥‥‥‥‥‥‥‥‥‥‥‥‥‥ 259

Q5 ボランティア保険とは、どのようなものでしょうか。‥‥‥‥ 261

2 被災地での支援

Q1 災害発生後それほど間がない時期の被災者支援で留意すべきことは何でしょうか。・・・・・・・・・・・・・・・・・・・・・・・・・・・・・ 263

Q2 被災者に有益な情報を提供するために、効果的な方法はありますか。・・ 266

Q3 複数の自治体が被災しましたが、被災自治体ごとに取扱いの異なることがあるようです。どうすればよいでしょうか。 269

Q4 被災地での法律相談を実施しようと思いますが、どのような形で広報するのが効果的ですか。・・・・・・・・・・・・・・・・・ 273

Q5 法律相談に出かけていきましたが、税金や境界の問題などが多く寄せられ、弁護士だけでは相談対応が困難です。何かよい方法はないでしょうか。・・・・・・・・・・・・・・・・・・・・・・・ 275

Q6 弁護士会としてボランティアセンターを支援したいのですが、手続はどのようにしたらよいでしょうか。・・・・・・・・・・・ 278

Q7 自治会の集まりなどに弁護士を派遣したいのですが、日当などの費用を捻出するのが困難です。何かよい方法はありませんか。・・・ 280

Q8 ＮＰＯなどが弁護士会に対し、自治会の集まりなどに相談要員を派遣してほしいと要請してきています。すべての要請に応える必要があるのでしょうか。・・・・・・・・・・・・・・・・・ 282

Q9 住民の集まりの場などで、法律相談を実施する場合に、相談場所等で留意すべきことはありますか。・・・・・・・・・・・・・ 284

Q10 相談会を実施しても、相談者が集まりません。法律相談のニーズがないのでしょうか。・・・・・・・・・・・・・・・・・・・・・・・・・ 286

Q11 相談会には、高齢者が多く集まっています。何か気をつけることはありますか。・・・・・・・・・・・・・・・・・・・・・・・・・・・・・・・ 288

3 被災地弁護士の体制

Q1 災害が発生した直後、被災地単位会として、どのような組織で、どのような意思決定のルールをつくって対応すると、円滑な支援が可能となるでしょうか。・・・・・・・・・・・・・ 290

Q2 災害時の特殊な法律について、会員に知識がありません。講師派遣や情報提供などで、日弁連と連携する方法はありますか。 …………………………………………… 292

Q3 豪雨災害について、電話相談窓口を設置する場合、その時間帯の設定や人員の確保、運営などで留意しておくべき事項はありますか。 …………………………………… 294

Q4 避難所等で法律相談を実施する場合、利用できる制度はありますか。 ……………………………………………… 296

Q5 災害ＡＤＲはどのような場合に設置するべきですか。また、どのように設置すればよいですか。 ………………… 299

4 その他

Q1 災害関連死について、土砂災害特有の検討事項はありますか。 …………………………………………………… 301

Q2 法律相談の記録化には、どのような意義がありますか。 …… 303

Q3 被災地支援の経過を記録化するべきですか。 …………… 305

5 参考文献等

Q1 土砂災害に係る参考文献にはどのようなものがありますか。 …………………………………………………… 307

6 支援制度一覧表

Q1 どのような被害に対し（家族の死、建物の損壊など）、どのような支援を受けられる可能性があるのでしょうか。 …… 313

執筆者一覧

第1部

災害現場における
住民からの相談例

Q & A

1　罹災証明・義援金・生活支援等

台風被害で、通帳、キャッシュカード、実印や届出印がなくなってしまいました。どうすればよいでしょうか。

通帳等が紛失しても預金の権利はなくなりませんので、安心してください。

　銀行の通帳、キャッシュカードは、それらを発行した銀行で「再発行手続」をとれば再発行してもらえます。銀行への届出印がなくなった場合は、その銀行で「届出印変更手続」をとってください。

　実印がなくなった場合は、印鑑登録をした役所へ行き、「印鑑紛失届」を提出し、必要に応じて新たな印鑑を印鑑登録し直してください。

解説

　銀行の通帳、キャッシュカードがなくなってしまった場合は、それらを発行した銀行で再発行してもらうことができます。この際、銀行届出印や身分証明書を持参してください。

　銀行の通帳、キャッシュカードだけでなく銀行届出印もなくなってしまった場合は、銀行の通帳、キャッシュカードの再発行手続だけでなく、銀行届出印の変更手続も必要となるでしょうから、新しく銀行

届出印として使おうとする印鑑と身分証明書を持参してください。

　通帳、キャッシュカードの再発行手続の場合も、銀行届出印の変更手続の場合も、銀行から身分証明書の提示を求められるでしょう。仮に身分証明書もなくなってしまった場合は、銀行が身分確認の方法について緊急対応をしている場合がありますので、各手続の方法を銀行に問い合わせてください。

　「実印」とは、あらかじめ市区町村長に届け出て、必要の際には印鑑証明書の交付を受けられるようにしてある印鑑を指します。実印がなくなった場合は、印鑑登録をした役所へ行き、登録した印鑑の紛失届を提出してください。これにより、紛失した実印は、「実印」ではなく役所に登録のない「単なる印鑑」となります。

　その後、必要に応じて新しい印鑑を役所で印鑑登録し、実印として使用してください。

第1部・1　罹災証明・義援金・生活支援等

罹災証明書とは何ですか。

罹災証明書は、市町村長が、被災者の申出により住家の被害状況の調査を行い、その確認した事実に基づき発行する証明書で、各種の支援を受けることができるかどうかの基準となるものです。

解説

　市町村長は、当該市町村の地域に係る災害が発生した場合には、被災者からの申請により、住家の被害その他当該市町村長が定める種類の被害の状況を調査し、罹災証明書を交付します（災害対策基本法90条の2）。

　住家の被害認定の区分としては、「全壊」「大規模半壊」「半壊」「一部損壊」「床上浸水」「床下浸水」等があります。

　そして、その認定区分に応じて、被災者生活再建支援金の給付や義援金の配分等の各種支援を受けることができます。

　例えば、被災者生活再建支援法3条1、2項に基づき、居住建物が全壊した世帯には基礎支援金として100万円が支給されますが、その全壊の証明として罹災証明書が用いられます。

　被災状況に応じて、自治体が独自に支援制度を用意することもあり、その支援制度を受けることができるかについても罹災証明書が多く用いられます。

　平成26年8月に発生した広島市豪雨災害では、広島県と広島市のそ

5

れぞれから住家が全壊認定を受けた世帯に対して災害見舞金が交付されました。また、全壊建物については、申し出れば広島市が撤去したうえで更地にするという支援も行われました。

　また、証明事項について、住家以外の不動産被害や家財等の動産被害、被災住民の人的被害等についても罹災証明書を発行している自治体もあります。

浸水被害後、まだ罹災証明書が発行されません。いつ頃発行されますか、またどのように認定されるのですか。

A 罹災証明書は、市町村が遅滞なく交付しなければならないものですが、交付の時期等は、市町村及び災害の状況によって異なります。被害認定基準運用指針は、交付の迅速化に向けて改訂されていますが、最寄りの市町村で確認して、できるだけ早めに交付を求めてください。

解説

　市町村は、当該市町村の地域に係る災害が発生した場合において、申請により、遅滞なく、住家の被害その他当該市町村が定める種類の被害の状況を調査し、罹災証明書（災害による被害の程度を証明する書面）を交付しなければならないと定められています（災害対策基本法90条の２）。

　各種の被災者支援施策、例えば被災者生活再建支援金や義援金等の給付、融資、税・公共料金等の減免・猶予、応急仮設住宅の提供や住宅の応急修理を受ける等の場合に必要ですので、被災後速やかに罹災証明書を発行してもらう必要があります。

　被害の程度の認定は、原則として研修を受けた調査員（市町村の職員等）がグループで被災住家の損傷状況を調査して行います。

　罹災証明書の交付の適正化、迅速化を図るべく、認定の基準となる住家の被害認定基準運用指針は、数次にわたって改定（近時は平成30

年3月）されていますが、災害の実態、市町村の状況によって、罹災証明書の発行が遅滞する場合もあります。

　被害認定は大きく分けて、損壊基準判定（住家の損壊した部分の床面積に占める損壊割合の基準）と、損害基準判定（住家の主要な構成要素の経済的被害の住家全体に占める損害割合）の2種の数値基準が設けられています。

　水害による被災の場合（例えば、木造プレハブ建物の場合）、外観による判定で、①一見して住家全部が倒壊、②一見して住家の一部の階が全部倒壊、③一見して住家全部が流出、④基礎のいずれかの辺が全部破壊し、基礎直下の地盤が流出、陥没のいずれかに該当すれば、全壊（損害割合50％以上）と認定されます。また前記①ないし④でないとしても、浸水深によって、①住家流出又は床上1.8m以上の浸水は50％以上の損害割合として全壊、②床上1m以上1.8m未満の浸水は40％以上50％未満の損害割合として大規模半壊、③床上1m未満の浸水は20％以上40％未満として半壊とされ、④床下浸水又は床上30cmに達していなかった浸水の場合は、20％未満として半壊に至らないとされます。この被害認定調査は、その効率化を図るためハザードマップ、航空写真等の活用、水害で土砂等が住家及び周辺に一様に堆積している場合には、液状化の場合の簡易な判定方法（土砂等の潜り込みの判定）の活用等も可能です。

　以上の第1次調査の判定に対し、不服のある被災者は、再調査の依頼をすることができます。罹災証明書の申請について、市町村によって期限が設けられることがありますが、被災者の事情があって、罹災証明書の申請手続をとれなかったり、あるいは申請が遅くなる例もあります。申請に期限を設けている市町村、設けていない市町村がありますが、いずれにしても、早めに申請すべきです。

第1部・1　罹災証明・義援金・生活支援等

Q04　応急危険度判定の赤紙表示と、罹災証明書の全壊認定は一緒ですか。

A　応急危険度判定に基づく表示と、罹災証明書に記載される被害認定は、それぞれ異なる目的で行われるものです。したがって、応急危険度判定の赤紙表示と、罹災証明書の全壊認定は、一致するとは限りません。応急危険度判定は、緊急かつ暫定的な調査により、当該建物による二次災害を防止するための注意喚起を目的としています。一方で、罹災証明書の被害認定は、原則として1次調査と2次調査を経て認定されるものであり、被災者生活再建支援制度や仮設住宅の入居等の指標となる場合があります。

解説

1　応急危険度判定

　一般社団法人日本建築防災協会の「全国被災建築物応急危険度判定協議会」のページの説明によれば、応急危険度判定とは、「大地震により被災した建築物を調査し、その後に発生する余震などによる倒壊の危険性や外壁・窓ガラスの落下、付属設備の転倒などの危険性を判定することにより、人命にかかわる二次的災害を防止すること」が目的であるとされています。住宅の所有者のためだけではなく、復旧作業者、ボランティアなどで建物の近くに立ち入る者等へ、建物の危険

性について情報提供するために実施するものです。具体的には、以下のような、Ａ４サイズの標識（ステッカー）が直接建物に添付されることが多いようです。

①「調査済み」（緑色）：建物の被害が小さい、使用可能である場合

②「要注意」（黄色）：建物に立ち入る場合には注意が必要、応急的な補修の場合は専門家に相談する

③「危険」（赤色）：建物への立ち入りは危険、専門家に相談し応急措置後に立ち入るようにする

前記の判定は、大量かつ迅速に実施する暫定的なものであり、建物自体の具体的な被害認定調査とは異なるものであることを知っておきましょう。

なお、罹災証明書制度についてはＱ２を参照してください。

2　応急危険度判定士

建物が危険であるかどうかの注意喚起は、本来は、建物の所有者や管理者が責任をもって行うべきものです。ところが、所有者等に建築の専門知識があるとは限りません。そこで、市町村が応急危険度判定を行う専門職の支援を受けながら、応急危険度判定を応急対策として実施する運用が定着しています。現在は、都道府県にて、ボランティアとして協力している建築士や土地家屋調査士に応急危険度判定に関する講習を受講してもらい、「応急危険度判定士」を養成しています。2018年３月末時点で推定10万人以上が登録しています。

第1部・1　罹災証明・義援金・生活支援等

自治体が被災証明書を発行してくれると聞きました。罹災証明書とどう違うのですか。

一般的には、罹災証明は建物の被害の程度に関する証明であるのに対し、被災証明は建物以外の財産の被害の有無に関する証明です。

解説

1　概要

　罹災証明とは、自然災害により住家に被害が発生した場合、被災者からの申請に基づき、自治体の職員（自治体から委託を受けた建築士等の専門家が行う場合もあります）が住家の被害調査を行い、調査結果に応じて、住家の被害の有無や程度を当該自治体が証明するものです（詳しくはＱ2をご参照ください）。

　これに対し、被災証明とは、被災者からの申請に基づき、住家以外の付帯設備、家財、車などに発生した被害の有無等を自治体が証明するものです。

2　自治体ごとに取扱いがバラバラ

　罹災証明と被災証明は、いずれも、自治体が、被災者からの申請に基づき、被災者が被った財産的損害の有無、程度、原因等を証明する自治事務ですが、一般的には、被災者が持参した写真等によって動産等の被害の有無のみを証明する被災証明の方が迅速に発行されることが多いようです。

　もっとも、被災証明は、自治事務であるうえに、そもそもその法的

位置付けが不明確であるため、実際の取扱いは、自治体ごとに異なっています。

　例えば、罹災証明の対象を住家に限らず事業所まで含める自治体がある一方で、被災証明の対象に住家を含め、被災した旨の届出があった限度で証明する自治体もあります。また、そもそも被災証明書の発行をしない自治体がある一方で、被災者向けの支援メニューを受けるためには被災証明書のみで足りるとする自治体もあります。さらに、申請期間、証明書発行手数料の要否及びその額（地方自治法227、228条）、被害の調査方法、事実上の不服申立方法の有無やその内容なども、自治体によって異なっているので注意が必要です。

3　相談における留意点

　生活再建支援金の支給や医療費免除など多種多様な支援メニューに紐付けされている罹災証明については極めてシビアな問題になり得ますが、被災証明が、罹災証明ほどシビアな問題になることは多くありません。

　もっとも、住家被害認定基準が精緻化されている罹災証明と異なって、被災証明においては、被害認定の統一基準がほとんど存在していません（「災害の被害認定基準について（平成13年6月28日付府政防第518号内閣府政策統括官（防災担当）通知）」参照）。さらに、住家被害認定に対する2次調査や再調査の申請のような統一的な不服申立手段も、被災証明については示されていません。

　しかし、被災証明であっても、保険金等の請求、雑損控除の適否（所得税法72条）、固定資産税等地方税の減免（各自治体の税条例）などの支援メニューと紐づけられていることからすれば、個別の支援メニューとの関係においては、罹災証明と同様の問題が生じ得ることについては、留意が必要です。

12

第1部・1　罹災証明・義援金・生活支援等

Q06 相談者の家も相談者の隣の家も、同じように土砂が流れ込んでいるように思える場合に、相談者宅は床下浸水とされ、隣家は半壊と認定されました。不服申立ての制度はないのでしょうか。

A 再調査を申し入れることが可能です。罹災証明書の発行申請に回答する際には、再調査が可能であることを申請人に伝えるように、内閣府も各自治体に対して指示しています。

解説

　大災害が発生した当初は、各自治体の職員も人命救助等の優先度の高い事務に追われ、罹災証明書の発行事務に十分な人員を割くことができません。そのため、罹災証明の発行が急ぎ足で行われることになり、建物の状況の把握が十分に行われず、誤った認定が出ることがあります。

　被災した住宅については、被災直後の写真や動画を撮るなどして、現場の状況がわかるような証拠をとったうえで、罹災証明書の申請をするとともに、申請内容に不満が残る場合には、再度の現地調査を申し入れ、写真等も提出したうえで再度検討してもらうことが考えられます。

　過去の自然災害でも、再調査を申し入れたところ、調査結果が変わった例は相当数あります。

13

Q07 罹災証明書では一部損壊とされましたが納得がいきません。争うことは可能でしょうか。

 罹災証明書における被害認定に納得がいかない場合には、市町村による第2次調査（又は再調査）を求めることができます。それでも納得がいかない場合には、被害認定そのものを法的な手続で争うことは困難ですが、誤った被害認定に基づいてなされた行為の効力を取消訴訟という形で争うことは可能だと考えられます。

解説

　罹災証明書における住家の被害認定は、各種被災者支援策の適用の可否に関する判断材料として活用されており、被災者の生活再建にとって極めて影響が大きく重要なものです。

　市町村による住家の被害認定は、「災害に係る住家の被害認定基準運用指針」（内閣府）に基づいてなされることが通常ですが、水害・風害・地震の被害それぞれで認定方法が異なり、かつ、対象住家が木造か非木造かによっても認定方法が異なります。

　本設問では、典型的な水害による被害と考えられる「木造戸建（1～2階建）で、堤防決壊等水流や泥流、瓦礫等の衝突の外力による損傷がある場合」の被害認定について解説します。

　⑴第1次調査として①外観による判定（一見して住家の全部又は一部の階が全部倒壊していれば「全壊」）に続いて②浸水深による損害割合の判定を行い、被災者から申請があれば、⑵第2次調査として①

外観による判定（第１次調査と同じ）に続いて②傾斜による判定（外壁又は柱の傾斜が20分の１以上で「全壊」）を行い、外壁又は柱の傾斜が60分の１以上又は床上浸水の場合には③損傷部位による損害割合の判定を行います。

　なお、「木造戸建（１～２階建）でない場合や外力による損傷がない場合」は、(2)第２次調査から開始されることになります。

　もっとも、被害認定に関する経験や人員の不足といった事情によって、実態とは異なった認定がなされたり、同じ程度の被害なのに異なった被害認定がなされたりすることも少なくありません。市町村は、必要に応じて、第１次調査のみがされている場合には第２次調査を行い、それ以外の場合には再調査を実施することとされていますので、当初の被害認定に納得がいかない場合には、市町村に対して第２次調査（又は再調査）の申出を相談者に促すとよいでしょう。再調査の際にどのような点を重点的にみてもらうべきか、どのような状態であれば被害認定が変更されるのかなど、再調査のポイントについては、前記内閣府の運用指針も参考に、弁護士として助言をするとともに、建築士等の専門家への相談も検討してもらってください。また、被害箇所を写真や動画に撮るなどして、現場の状況が後々変化した際にも被災当時の状況を正しく説明できるよう、被災状況を記録・保存しておくことも重要です。なお、再調査の申出に回数の制限はありません。

　再調査によっても認定が変わらない場合の争い方ですが、一般には、被害認定は単に被災状況という事実を認定するものにすぎず、行政訴訟法上の取消訴訟の対象となる行政処分ではないと考えられていますので、仮に罹災証明書の被害認定に納得がいかなかったとしても、被害認定そのものの変更を求めて裁判所に取消訴訟を提起することは困難です。ただし、被害認定そのものを争うのではなく、例えば、罹災

証明書上の被害認定の程度に基づいて生活再建支援金の支給がなされた場合に、支給額に誤りがあるとして、支給の取消しを求めて取消訴訟を提起することは可能だと考えられます。

第1部・1　罹災証明・義援金・生活支援等

 全国から被災地へ寄付金が集まっていると聞きます。義援金はいつ頃、どうすればもらえますか。

A 義援金がいつ頃もらえるか、どうすればもらえるかは災害の規模等により異なり、被災地の自治体ごとに異なります。おおむね第1次配分は申請により、第2次以降は、申請は不要という場合が多いようです。自治体に問い合わせてください。

解説

　大規模な災害が発生すると、全国から被災者を支援するために地方公共団体等に義援金が寄せられます。地方公共団体に寄せられた義援金は、被災者に対して公平かつ公正な方法で、適切な時期に配分することが要請されます。

　そのため、各地方公共団体は、義援金の配分について協議し決定するための組織として、行政、日本赤十字などの義援金受付団体、福祉代表者などを構成員とする義援金配分委員会を設置します。義援金配分委員会では、被災者への配分対象、配分基準、配分時期、配分方法などを協議することになりますが、義援金を公平に配分するためには被害の全容を知る必要があるものの、全容の把握を待っていては被災者に義援金が届くまで時間がかかりすぎてしまいます。そのため、実際には継続的に委員会で議論しながら、数次に分けて義援金が配分されます。

　広島市の平成26年8月20日の豪雨災害の場合、平成26年9月9日に

17

第1回配分委員会が開催され、同月12日から第1次の配分の受付が始まり、平成27年7月までに第3次の配分がなされています。

　義援金配布対象者は、人的被害や住家被害を対象とする場合は罹災証明等を添付して請求する場合が多いようです。申請書や請求書は自治体が用意します。第1次は早いが少なめ、第2次以降は被害の程度がわかってきますし、集まった寄付金の額も判明してきますので、被害の程度に応じ相当な額が配分されているようです。自治体から情報を収集することが大切ですが、弁護士としては早期に公平な配分がなされるよう被災者の声を収集することも大切になります。

第1部・1　罹災証明・義援金・生活支援等

相談者が居住している家には義援金が配分されましたが、所有しているだけで居住していない空き家には義援金が配分されず、また、所有する農地にも義援金は配分されないようです。何とかしてもらえないのでしょうか。

当初は義援金の配分対象に含まれていなくても、その後配分対象に追加される可能性があります。

解説

　義援金の配分についての基本的内容は、Q8を参照してください。
　この点、はじめは配分対象になっていなかったものでも、時間の経過により被害の全容が明らかになってきて、配分対象に追加されることがあります。本件のように当初の段階では配分対象に含まれていないものであっても、その後の協議で配分対象として拡大される可能性があります。例えば、平成26年8月20日の広島市の豪雨災害でも、第1次配分では空き家、農地は対象外でしたが、第2次、第3次では配分対象に拡大されています。また、広域の災害では、都道府県の配分委員会で各市町村への配分額を決定して配分する一方で、各市町村において、都道府県から配分された義援金と各市町村分の義援金について改めて基準を定めて配分するという方法をとり、その際に、地域の実情を踏まえて配分対象を拡大している例があります。平成30年7月豪雨では、愛媛県鬼北町が、町分の配分対象として、空き家、農地・農業（畜産）施設、宅地等、事業所を対象にしています。被災者の声として集約することで義援金配分委員会で議論の対象となり、その後配分対象となる可能性はあります。弁護士としては、同じような問題を抱えている人たちの意見を集約し、行政に届けることが大切です。

19

生活保護を受給していますが、義援金をもらったら、生活保護は停止されると言われて不安です。義援金をもらわない方がよいですか。

 義援金を受給する場合、過去の大災害で生活保護は停止されていないようです。

解説

　原則として生活保護基準を上回る収入を得た場合は、その分だけ生活保護の支給が減ったり、生活保護の支給そのものが停止します（生活保護法25条2項、26条）。

　では、生活保護の受給者が被災した場合、「義援金」、災害弔慰金法の「災害弔慰金」、被災者生活再建支援法の「支援金」、「補償金」、「見舞金」等の金銭的な給付を受けた場合、生活保護の支給は減額又は停止されるでしょうか。

　東日本大震災のとき厚生労働省社会・援護局保護課長の通知「東日本大震災による被災者の生活保護の取扱いについて（その3）」（平成23年5月2日社援保発0502第2号）によって、①これらの支給金は支給される世帯の「自立更生」のためにあてられるものは収入として認定しない（生活保護の打切りや減額をしない）、②自立更生の判断は被災者の状況や意向を充分考慮して一律・機械的にしない、③震災後、緊急的に配分される義援金は一定額を自立更生にあてられるものとすることができる、④自立更生にあてられる費用であれば直ちに支出されなくても収入と認定しない等の扱いがなされています。

第1部・1　罹災証明・義援金・生活支援等

　実は、この扱いは、阪神・淡路大震災でも、新潟県中越地震でも行われてきたのですが、東日本大震災では、仙台市や南相馬市が福島第一原発事故の仮払補償金や義援金等の支給を理由に生活保護を打ち切ることを相次いで行いました。そのため、受給をする前に前記の通知を具体的に示して説明することが必要でしょう。

　なお、前記の東日本大震災の通知は、熊本地震のときの通知でも引用されています（平成28年4月27日厚生労働省社会・援護局保護課保護係長事務連絡「平成28年熊本地震による被災者の生活保護の取扱いについて」）。

Q11 土砂災害に被災した場合の税務上の優遇措置としては、どのようなものがありますか。

 災害による税金の控除等の優遇措置としては、国税、地方税などに、様々な控除や猶予などの優遇措置制度があります（以下の解説では、所得税の優遇措置を中心にその概要を紹介します）。

解説

1 災害減免法と雑損控除

災害により住宅などに経済的損失が生じた場合、その損失金額に基づき所得から控除する「災害減免法」や「雑損控除」などがあります。

(1) 災害減免法

災害による税制上の特例にはまず災害減免法があります。一定の条件を満たした被災者はその年の所得税が軽減又は免除されるというものです。災害により住宅や家財に被害が生ずると、修復や引越しなどで多額の出費が発生します。災害減免法は被災者の所得税を控除又は免除することで被災者を経済的に支援する法律です。

災害減免法が適用されるためには、以下の3条件すべてに該当している必要があります。

① 災害によって受けた住宅や家財の損害金額が、保険金などにより補てんされる金額を除き、時価の2分の1以上

② 災害に合った年の所得金額の合計額が1,000万円以下

③ 災害による損失額について雑損控除を受けていない（雑損控

除は後述）

これら3つの条件を具備している場合には災害減免法を適用することが可能です。

災害減免法によって控除される所得税ですが、所得金額の合計額が500万円以下の場合には所得税の額の全額、所得金額の合計額が500万円超750万円以下の場合には所得税の額の2分の1、所得金額の合計額が750万円超1,000万円以下の場合には所得税の額の4分の1が控除されます。

(2)　雑損控除

雑損控除も災害減免法と同様に、災害によって経済的な損失を受けた被災者に対して、所得税を控除する制度です。

雑損控除では自然災害（震災、水害、雪害、落雷、噴火など）、人為的な災害（火災、鉱害、火薬類の爆発など）ばかりでなく、盗難や横領によって資産が損失を受けた際に所得控除を受けることができます。

雑損控除で控除される所得税の割合ですが、以下の2つの計算式で金額がより大きい方になります。

①　損失額（保険金などで補てんされる金額を控除した金額）－総所得金額×10％

②　損失額のうち災害関連支出の金額－50,000円

損失額として計上できるものは、例えば、住宅や家財の損害金額（時価）と損壊住宅の取壊費用などです。

このような損失を被った場合、サラリーマンなど給与所得者であっても、確定申告をすることにより雑損控除を受けることができます。また、災害に遭った後、3年間までの繰越控除が認められます。年間の所得が1,000万円以上ある場合、災害援助法が適用でき

なくても、雑損控除は利用することが可能です。

(3) このように、災害時における被災者の所得税控除には災害減免法と雑損控除の2つがあり、どちらか有利な方法を選んで申請することが可能です。

2 所得税の控除又は免除以外の支援制度

(1) 申告期限の延長

災害などやむを得ない事情で期限まで納税ができない場合は災害が終わってから2か月以内であれば、申告期限が延長されます。地域指定による期限の自動延長の場合と、個別指定といって、個々人が期限延長を申請することによる場合があります。

(2) 納税猶予

災害で相当な損失（全財産のおおむね20％以上の損害）を受けた場合、納税を猶予する制度もあります。所得税だけではなく、法人税・消費税・相続税・贈与税など国税全般に適用され、損失の程度により本来の納期限から1年以内の猶予期間を認めてもらえる場合があります。

3 住宅借入金等特別控除

住宅借入金等特別控除とは、住宅ローン等を利用して住宅の新築や購入又は増改築等をした場合で、一定の要件に当てはまるときは、その借入金等の年末残高の合計額を基として計算した金額を、その住宅を居住の用に供した年以後の各年分の所得税額から控除するという特例です。

原則として、住宅借入金等特別控除は、継続的居住が前提となっていますが、従前家屋が災害により居住の用に供することができなくなった場合については、国税庁は、その従前家屋を居住の用に供した日以後10年間（又は15年間）の各年について、その従前家屋に係る住

宅借入金等の金額を有するときは、平成29年分以後に住宅借入金等特
別控除の適用を受けることができるとしています（租税特別措置法41
条24項）。

4　その他

　その他、法人税、源泉所得税、譲渡所得税、相続税・贈与税、消費
税、印紙税などにも特例措置があります。

土砂災害に被災した場合、学費や医療費、その他生活上の優遇措置としてはどのようなものがありますか。

学費に関する優遇措置として、小・中学生への就学援助措置、高等学校・大学等の授業料の減免、医療費に関する優遇措置として、医療保険の保険料及び窓口負担の減免・支払猶予措置、その他、介護保険料、保育料、上下水道料金や電気料金の減免などがあります。

解説

　被災者に対する生活上の優遇措置には様々なものがあり、前記に挙げたものは一例です。

　例えば医療費についてですが、一定の条件を満たす被災者には、一定期間、保険料や窓口での一部負担金の減免・支払猶予措置が講じられます。減免の対象者が、医療機関等の窓口において既に一部負担金を支払ってしまっている場合でも、申請すれば還付されることもありますので、健康保険組合などに相談してみましょう。

　以上の各種優遇措置を受けるためには、自治体や事業者、学校等に申請する必要があります。申請期間が設けられていることが通常ですので、担当窓口に問い合わせたり、ホームページなどで確認したりするとよいでしょう。

　しかしながら、これらの支援制度を被災者自身が知らなければ意味がありません。被災者支援に関する制度について、迅速にわかりやす

第1部・1　罹災証明・義援金・生活支援等

く情報提供することも、重要な支援活動の1つです。本書の「支援制度一覧表」の項目（313頁以下）を確認したり、発災後は国や自治体のホームページなどで各種の支援制度が紹介されていますので、支援活動に携わる弁護士としても、定期的にチェックすることをお勧めします。また、被災者がホームページなどを確認できない状況であることも多いので、避難場所等に向けて広く情報を発信するということも1つの方法です。

　その他、内閣府が、「防災情報のページ」というホームページを作成しています。ここでは各地の災害情報や被災者支援に関する情報が提供されており、こちらも参考になります。

　http://www.bousai.go.jp/index.html

Q13 相談者は、半年という期限で、借上げ型応急住宅（みなし仮設住宅）に入所するという契約を結ばされたようです。半年後には出なければなりませんか。

A 生活再建の見通しが立っていないような場合には、行政の担当者に対し、個々の事情を説明し、入所期間の延長を求めてください。

解説

契約は、双方の合意に基づくものであり、半年という期限を定めたという契約内容は原則として有効です。しかし、災害時においてわずか半年で、生活を元通りに再建できる方は多くありません。

広島では、みなし仮設住宅の契約期限は半年とされましたが、広島弁護士会が会長声明を出し、行政に直接説明をした結果、みなし仮設住宅への入居期間の一律延長が認められました。

また、個別事情によっては行政による柔軟な対応が見込まれますので、担当者と相談し、生活再建するためにみなし仮設住宅への入居が必要であることを訴えるなど、粘り強い交渉が必要です。

この点、災害救助法によれば、都道府県知事は、当該災害により被害を受け、現に応急仮設住宅の供与を必要とする者に対して、応急仮設住宅の供与を行わなければなりません（同法2条、4条1項1号）。災害救助法上、みなし仮設住宅の適用期間は原則2年間です。自力再建で多額の金銭的負担を抱えることになるのは、被災者の再建を阻害

第1部・1　罹災証明・義援金・生活支援等

するものであり、災害救助法の趣旨にも抵触することになりかねません。少なくとも、2年間の入所は認められるべきでしょう。

なお、応急仮設住宅には、プレハブ等の建設型応急仮設住宅と、民間賃貸住宅を自治体が借り上げて被災者に提供する借上げ型応急住宅（みなし仮設住宅）の2種類があります。そして、みなし仮設住宅では、住居の家賃や敷金・礼金・仲介手数料などが国庫負担の対象とされます。

東日本大震災では、避難者に対するみなし仮設住宅の供与につき、災害救助法等の規定により、原則として2年間の期間としつつも、その後、単年度ごとの供与期間の延長を打ち出し、結果的に、複数年にわたる無償の住宅供与の施策が講じられています。災害の規模や被災者の生活再建の状況に合わせて柔軟な対応が必要です。

被災者の方が、長期避難で精神的に疲れているようです。何かフォローする制度はありませんか。

 専門家による心のケアを含めたワンストップの（巡回）多士業相談会を実施するのが望ましいと思われます。

解説

　被災者の方は、避難される前に既に災害体験、家族や自宅を失う（喪失体験）等の相当のストレスを受けている場合があります。

　さらに、そのような状況で住み慣れた自宅を離れ長期避難生活を送ることは、将来に対する不安、人間関係、プライバシーの問題など避難生活における様々なストレスを受けることが想定されます。最悪の場合には、災害関連死につながることもあります。

　そこで、避難者の方が、精神的に疲れている場合、専門家による心のケアが必要です。

　もっとも、精神的に疲れている避難者の方が自ら専門家に相談することは、一定の抵抗感があり、困難であるといえるでしょう。そこで、専門家が避難所などを訪れ、形式的なカウンセリングではなく、避難者の方と交流し、コミュニケーションを図る過程で避難者の方の心のケアをする必要があります。

　そのためには、法律の専門家だけではなく、心の専門家と連携を図り、ワンストップの相談体制を構築しておくとよいでしょう。

　例えば、広島県下で70人以上の死者を出した平成26年8月広島豪雨では、その発災前から、広島弁護士会ほか14団体が加盟する広島県災

害復興支援士業連絡会が結成されていたことから、社会福祉士会、介護福祉士会、精神保健福祉士協会が中心となって心のケアを含めた医療・保健・福祉の領域にわたる総合的な相談が実施されました。

　また、220人以上の死者を出し、広島でも110人以上の死者を出した平成30年7月豪雨（いわゆる「西日本豪雨」）においても、同士業連絡会が広島県と協定を締結し、各市町に設置された「地域支え合いセンター」を通じて、戸別訪問による見守りが実施されました。そして、その見守りの結果、専門家の助力が必要と考えられた場合には、ケースごとに法律・行政・福祉の各専門家が派遣され、生活再建の支援や孤立の防止などが取り組まれました。

　このような、専門家チームによるワンストップによるアウトリーチ（要援助者に対して、積極的に働きかけて福祉的な支援を行うこと）を活用した支援は、「ＤＭＡＴ（Disaster Medical Assistance Team）」（災害派遣医療チーム）になぞらえ、「ＤＳＷＡＴ（Disaster Social-Work Assistance Team）」と呼ばれています。

　そのほか、ＮＰＯなどが、在宅被災者の戸別訪問を実施することもありますので、各自治体のボランティア調整会議に参加することにより、情報を入手することも有用です。

　なお、内閣府政策統括官（防災担当）が運営する「ＴＥＡＭ防災ジャパン」というポータルサイトには、防災に関するあらゆる情報が集約されておりますが、同サイト内に収載されている「被災者のこころのケア　都道府県対応ガイドライン（内閣府）」では、災害時におけるストレスマネジメントの方法や被災者への接し方等について詳細な説明がなされています。また、熊本こころのケアセンター及び熊本県精神保健福祉センターが作成した「くまモンと、前へ」というリーフレットは、震災後の心のケアについて、イラストを交えてわかりやすく説明されており、熊本県のホームページからダウンロードできます。

相談者の隣の家には早々にボランティアが来て土砂を撤去しましたが、相談者の家にはなかなか来てくれないようです。ボランティアはどのような形で運営されているのですか。

災害の規模や被害の内容、ボランティアの数、ボランティア団体などによって運営方法が異なります。

解説

1 ボランティアの運営主体

ボランティアの運営主体には、社会福祉協議会や、民間の市民ボランティア団体・NPO法人などがあります。

2 災害ボランティアセンター

大きな災害が発生したとき、災害ボランティアセンターが立ち上げられます。災害ボランティアセンターは、被災者の相談所としての機能及びボランティアの案内所としての機能を果たすものです。

災害ボランティアセンターは、広報を行うとともに、被災者の戸別訪問や避難所の訪問をしたり、被災地域の自治会や自主防災会・民生委員等を経由して得られた被災者のニーズ(要望、依頼)の把握に努めたりします。

また、被災状況に関して収集した情報を外部に発信します。

3 ボランティア活動の流れ

災害ボランティアセンターでは、ボランティアの受付を行い、被災

者のニーズとのマッチング（ボランティアを適材適所に割り振る）を図り、オリエンテーションを実施するなどします。さらに、ボランティア活動に必要な資機材の受け取り・送迎を行うこともあります。ボランティアは、現地での活動ののち、センターに帰着すると、その日の活動報告をして退所するという流れです。1日だけ活動するボランティアの方もいれば、数日以上滞在して活動するボランティアの方もいます。

4　ボランティアセンターの閉所

災害の発生からある程度期間が経過し、被災者のニーズがほぼ終息を迎えた段階で、ボランティアセンターは、閉所となります。閉所した際には閉所の通知、閉所に伴う業務が行われます。

5　質問に対する回答

隣の家にはボランティアが来たのに、相談者のところにはなかなか来てくれないということは、ボランティアセンター側で、相談者のニーズが把握されていないことがまず考えられます。そのような場合には、戸別訪問の際に依頼や要望を伝えたり、ボランティアセンターに問い合わせをしたりしてください。

次に、ボランティアは、現場の状況などから優先順位をつけて対応をするため、損壊が激しく、土砂を早急に取り除かなければ自宅での生活が困難である等、隣の家の優先順位が高かったということが考えられます。その他、お年寄りが住んでいる家、病気の方、障害がある方などは優先されます。

また、相談者の在宅時間とボランティアが派遣される時間が合わないなどというケースも考えられます。相談者が避難所にいるため家が留守という状況であれば、防犯上の問題もあり、家人の不在時に勝手に家に入ることができません。そうすると、帰宅時の少ないチャンス

を狙ってボランティアを派遣しなければなりませんから、マッチング
が難しくなります。

　ボランティアも日によって人数が違うので、ニーズ数とのマッチン
グが難しいために、なかなか順番がこないということもあり得ます。

　それから、質問の場合とは異なりますが、交通の便が悪いところに
はボランティアがなかなか行けないために、ボランティアの派遣が遅
くなるということもあります。

2　公的支援制度

　避難所はどのような場合に設置されますか。また、避難所にはいつまでいられますか。

　避難所は、災害の危険があり避難した住民等が、災害の危険がなくなるまで必要期間滞在し、又は災害によって自宅に戻れなくなった住民等が一時的に滞在することを想定した施設です（例：学校・体育館、公民館等の公共施設）。災害救助法が適用される災害が発生した場合であって、災害によって現に被害を受けた者や、災害によって現に被害を受けるおそれがある者などを一時的に受け入れ保護する必要がある場合に設置されます。

　避難所の開設期間は、開設期間が予測できる場合、又は、一定期間以上の開設が必要であることが明らかな場合は、その期間とされていますが、開設期間を定められない場合は、とりあえず災害発生の日から7日以内で定めることになっています。しかし、定められた期間内に避難所を閉鎖できない場合は、内閣府（防災担当）と協議のうえ、開設期間を延長することができるとされています。

解説

　避難所は、災害救助法が適用される災害（災害救助法施行令1条）

が発生した場合、すなわち、災害により市町村等の人口に応じた一定数以上の住家の滅失（全壊）がある場合（同施行令１条１項１号～３号）や、多数の者が生命又は身体に危害を受け、又は受けるおそれが生じた場合であって、避難して継続的に救助を必要とする場合等（同施行令１条１項４号）に設置されます。平成28年熊本県熊本地方の地震や平成30年北海道胆振地方中東部を震源とする地震では、多数の者が生命又は身体に危害を受け、又は受けるおそれが生じていることから、災害救助法が適用されています。

　避難所の開設期間は、開設期間が予測できる場合、又は、一定期間以上の開設が必要であることが明らかな場合は、その期間とされていますが、開設期間を定められない場合は、とりあえず災害発生の日から７日以内で定めることになっています。しかし、定められた期間内に避難所を閉鎖できない場合は、内閣府（防災担当）と協議のうえ、開設期間を延長することができるとされています。

　災害時に特に配慮が必要な方のために、一般の避難所とは別に、「福祉避難所」などの専用スペースも設置されます。福祉避難所とは、主として高齢者、障がい者、乳幼児や妊産婦、外国人などのうち、入院や施設に入所するほどではないが、一般の避難所では生活に支障が生じることが想定される方々が滞在することを想定した避難所です。一般の避難所内に専用のスペースや部屋が設けられる場合や、老人ホームや障がい者施設、その他の社会福祉施設等が指定される場合が多いです。

第1部・2　公的支援制度

Q02　災害救助法の応急修理制度とは何ですか。制度利用に当たり注意すべきことがありますか。

A　応急修理制度とは、被災住宅の必要最小限の工事を行うことにより被災者が当該住宅に居住できるようにする制度です。この制度を使った場合には、応急仮設住宅制度は利用できなくなることに注意が必要です（平成31年3月時点）。

解説

被災した住宅の応急修理制度は、災害救助法4条1項6号により定められています。また、同法4条3項、同法施行令3条1項、内閣府告示7条により、一般基準が定められています。

応急修理制度が使用できるのは
(1)　災害救助法の適用された地域であること
(2)　住家が半壊し、自らの資力では応急修理をすることができないこと（資力要件あり）又は大規模な補修を行わなければ居住することが困難である程度に住家が半壊したこと（大規模半壊。資力要件なし）
が必要となります。

なお、(2)の要件について、全壊被害の場合には応急修理制度が利用できないと運用する自治体もありますが、法律上は全壊世帯であっても応急修理制度は利用できます（ただし、後記のように応急仮設住宅制度は利用できなくなるため、慎重な判断は必要です）。

応急修理工事の対象は、居室、炊事場、トイレ等日常生活に必要最小限度の部分であり、費用は1世帯当たり58万4000円が上限となります。

　この制度を利用する際の注意点ですが、

①　応急修理制度と応急仮設住宅制度の併用ができません。これは、応急修理によって被災者が居住可能となることを応急修理制度の前提としているためです。そのため、被災者がどこで、どのような生活を送るのかをあらかじめ計画したうえで、応急修理制度を使うのかを判断する必要があります。

②　被災者が工事業者に応急修理を依頼し、その費用を自治体に請求することはできません。自治体が発注する方法や自治体指定の業者に所定の方法で発注する方法がありますので、応急修理を行う前に自治体に相談することが必要となります。

第1部・2　公的支援制度

Q03　応急仮設住宅とは何ですか。

地震、水害や山崩れ等の大規模な災害が発生すると、多くの住民が住居を失うことになります。応急仮設住宅は、住家が滅失した被災者で、自らの資力では住宅を確保することができない者に対し、一時的な居住の安定を図る目的で行政が供与する仮の住宅のことです。

応急仮設住宅に入居できる被災者は、①住家が全焼、全壊又は流失した者であること（一定の要件の下で住家が半壊した者も含むとされた災害もあります）、②居住する住家がない者であること、③自らの資力をもってしては、住宅を確保することができない者であること、④災害地における住民登録の有無は問わない、とされています。

応急仮設住宅に入居できる期間は、原則として2年以内とされています。もっとも、被災地の復興状況や被災者の実情等を踏まえ必要に応じて延長することができるとされています。

災害公営住宅等の恒久的な住宅への入居が可能となる時期が応急仮設住宅の供与期間の終了時期となります。

解説

　応急仮設住宅は、地震、水害や山崩れ等の災害救助法が適用される災害（災害救助法施行令１条）のために、住家が滅失した被災者で、自らの資力では住宅を確保することができない者に対し、一時的な居住の安定を図る目的で行政が供与する仮の住宅をいいます（災害救助法４条１項１号）。

　応急仮設住宅に入居できる被災者は、①住家が全焼、全壊又は流失した者であること、②居住する住家がない者であること、③自らの資力をもってしては、住宅を確保することができない者であること、④災害地における住民登録の有無は問わない、とされています。

　なお、平成28年熊本地震や平成30年７月豪雨において、一定の要件（平成30年７月豪雨においては、流入した土砂や流木等により住宅としての再利用ができない場合）を満たせば住家の半壊した者も①の要件を満たすとされました。

　応急仮設住宅は、いわゆるプレハブ工法に代表されるように簡易な構造による建設型仮設住宅が一般的とされていました。しかし、東日本大震災、平成28年熊本地震や平成30年７月豪雨などの最近の大災害では、仮設住宅だけでは被災者の住居を確保できない事態となったことから、民間賃貸借住宅による借上げ仮設住宅が多く活用されました。

　応急仮設住宅は、原則として災害発生の日から20日以内に着工しなければならないとされています。民間賃貸借住宅による借上げ仮設住宅の場合、敷金・礼金及び家賃は行政が負担します。

　応急仮設住宅に入居できる期間は、原則として２年以内とされています。もっとも、平成28年熊本地震や平成30年７月豪雨のように特定非常災害に指定された災害においては、被災地の復興状況や被災者の

実情等を踏まえ必要に応じて延長することができるとされています。

　災害公営住宅等の恒久的な住宅への入居が可能となる時期が応急仮設住宅の供与期間の終了時期となります。

　平成28年熊本地震では、供与期間が1年間延長され、供与期間3年間経過後も、現在の住まいとは別の恒久的な住まいへの転居を予定しているが、やむを得ず間に合わない場合には、供与期間が延長されることになりました。

　しかし、いずれ仮設住宅は解消されます。東日本大震災や平成28年熊本地震で被災して仮設住宅に入居している被災者の中には、恒久的な住宅への入居の目途の立っていない被災者が多数います。このような被災者が仮設住宅の供与期間の終了に伴い行き先もないまま追い出されることがないように、仮設住宅に入居しているうちから行政等によるきめ細やかな生活再建のための支援が望まれています。

　そして、弁護士としては、被災者が各種住宅支援制度や被災ローン減免制度などを利用できるよう情報提供のパイプ役として活動することが期待されています。

Q04
1　災害ケースマネジメントとは何ですか。
2　被災者生活再建ノートはどこで手に入りますか。

A　1　災害ケースマネジメントとは、被災者1人ひとりの救助・復旧・復興を目指して、専門家が直接被災者の所在地に出向いて、復興が実現するまで繰り返し面談を重ね、被災者に係る情報を収集・整理し、支援制度を総合的に利用して、被災者の救助・復旧・復興の実現を目指す、被災者支援活動の手法のことをいいます。

2　被災者生活再建ノートの入手方法

被災者生活再建ノートは、日本弁護士連合会や各弁護士会のホームページから検索できます。また、大規模災害が発生した場合には、被災地の弁護士会から印刷物を入手できます。

解説

1　災害ケースマネジメントとは

(1)　定義

災害ケースマネジメントは法令上定義されているものではありませんが、東日本大震災の被災地で支援活動をしている弁護士ら専門家のおおむねの理解としては、

①　自然災害の「被災者」を対象とする支援活動の手法であること
②　被災者のグループや団体を対象とするものではなく、「被災

者個々人（実際は世帯）」を対象とする支援の手法であること

③　弁護士ら専門家が、救助→復旧→復興の各時期を通じて、被
災者に「繰り返し」「接して」情報（不満に思われていること、
心配されていること、必要とされていることを含む）を収集・
整理し、各種支援制度を利用することによって、被災者の救
助・復旧・復興が迅速かつ適正に進められることを支援すること

と整理することが可能です。

(2)　背景

　災害ケースマネジメントの考え方は、東日本大震災以後の被災地、
特に宮城県石巻市での在宅被災者を対象とする支援活動等を通して、
形成・提言されてきた考え方です。

　被災者1人ひとりの救助・復旧・復興を目指して、専門家が直接
被災者の所在地に出向いて、繰り返し被災者に係る情報を収集・整
理して、被災者の救助・復旧・復興が迅速かつ適正に進められること
を目指して活動したことを踏まえて、共有するに至った考え方です。

　東日本大震災以後、岩手県岩泉町、広島県広島市や岡山県倉敷市
（真備町）で同様の活動が報告されています。

(3)　災害ケースマネジメントの必要性

　東日本大震災の被災者を対象とする法律相談は、平成23年の発災
後、被災地単位会や日本弁護士連合会等により、従来型の法律相談、
すなわち、各地法律相談センター・各地法テラスや現地の指定法律
相談に来所いただいて相談に対応する仕組みがとられてきました。

　しかし、高齢・障がい者・疾病等の事情を抱えた被災者の場合、
法律相談センターや法テラスあるいは指定法律相談に出向くこと自
体が困難であり、相談の機会を持たないまま、次第に孤立していく
傾向が見受けられました。また、仮に法律相談センター等に一度は

相談に出向いても、例えば、住宅再建の制度利用は復旧事業に向けての計画策定など、一度の相談で解決しない問題が多数あるものの、複数回の相談に至らずに、復興されないケースが少なからず見受けられました。

ところで、大地震・津波被害を受けた被災地においては、被災者は、避難所への避難や自宅での生活から始まって、応急危険度判定、罹災証明の発行、災害救助法に基づく応急修理制度や、食料等の給与、仮設住宅への入居、被災者生活再建支援金の需給制度や、集団移転促進事業への申込みあるいは災害公営住宅への申込み、さらには、時々の被災自治体による補助事業の利用等、種々の制度を利用しての復旧・復興が進められることになります。

しかし、被災者1人ひとりについてみると、これら諸制度を全体的に概観して、より良き復興に向けての復興計画の策定は、専門家の支援なくしては困難な状況にありました。

その結果、被災地の専門家としては、被災直後から、自治体や福祉団体等と連携して、被災者1人ひとりの復興計画の策定に向け、相談者の自宅に継続して出向いて相談対応をする必要が大きいのです（いわゆる「アウトリーチ型相談」の必要性）。加えて、高齢者・低所得者世帯については、災害時の相談等を平時の福祉サービスにつなげ、ひいては被災自治体等による1世帯ごとのサービスの策定につなげる必要がありました。

以上より、被災者の自宅等所在地に出向いての継続的な戸別訪問を継続して、自治体と連携し、被災者の復興・再建計画の策定に関与する必要からして、災害ケースマネジメントの構築が必要となるのです。

第1部・2　公的支援制度

⑷　課題

　課題の１つ目は、災害ケースマネジメントが法制度化されていないことです。すなわち、災害のたびに支援者が自治体等に働きかけて予算付けをしてもらい、この手法での支援活動を始めるのが実情です。本来であれば発災直後から速やかに、この手法の支援活動が開始されるべきですが、災害後開始されるまでかなりの時間を要しています。法制度化により、速やかな対応が期待されています。また、法制度化によって予算付けを速やかにし、特に激甚法改正により被災自治体の負担の少ない制度の構築が必要とされるところです。

　課題の２つ目は、被災者の所在等に係る情報の問題です。支援者が被災者との面談を希望しても、被災者の所在情報を入手できないと面談がかなわず、また、被災程度、支援金の申請状況等の情報は自治体等から提供されない限り、適正な復興に向けての支援ができません。災害対策基本法等の法令や自治体の条例に基づいて、自治体サイドから支援者側に正確な情報が円滑に提供される制度構築が必要です。

2　被災者生活再建ノートとは何か、どのようにしたら手に入るか

　被災者生活再建ノートは、平成30年２月に、日本弁護士連合会（災害復興支援委員会）が作成した被災者と相談担当弁護士向けの冊子です。

　同ノートは、被災された方が、弁護士などの専門家などから相談を受ける際に、受けられる公的支援制度などの必要な情報が漏れなく伝えられ、適正なアドバイスを継続して受けられるようにしたい、という観点から作成しています（１の災害ケースマネジメントとアウトリーチ型相談を前提としています）。

　同ノートは、「被災者生活再建ノート」「被災者生活再建カルテ」

「支援制度の概要」の３部構成で編集されています。「被災者生活再建ノート」は被災された方が「受けられる公的支援制度」を一覧で確認できるページです。「被災者生活再建カルテ」は、病院の「カルテ」のような役割をイメージしています。相談担当者が変更になっても、従前の相談内容や行ったアドバイスが引き継げるようになることを意図しています。相談担当者に記載いただくことを想定していますので、できる限り相談担当者に記載をお願いすることになります。「支援制度の概要」は「被災者生活再建ノート」（３〜４ページ）に記載のある各公的支援制度について説明しています。

　同ノートは、日本弁護士連合会や各単位会のホームページから検索して入手できます。また、平成30年７月豪雨の被災地である広島県、岡山県、愛媛県では、それぞれの弁護士会が被災地で配布しました。また、冊子が必要な場合は、以下の日本弁護士連合会ホームページからダウンロードいただくか、最寄りの弁護士会にご相談ください（編集可能な書式を日弁連会員専用ホームページに掲載しているので、平時においても弁護士版の被災者ノートを作成することをご検討ください）。

3　参考

　仙台弁護士会「在宅被災者戸別訪問の結果を踏まえた災害法制の整備・運用に関する提言書」（2018年（平成30年）２月８日）

　日本弁護士連合会ホームページ「被災者生活再建ノート」

　https://www.nichibenren.or.jp/jfba_info/publication/pamphlet/saiken_note.html

第1部・2　公的支援制度

 被災者生活再建支援金について教えてください。

A 被災者生活再建支援法、同施行令に定める自然災害により、住家に全壊・大規模半壊等の被害が生じた被災者に対し、同法令に定める方式で市町村に申請することにより、最高300万円が支給される制度です。

解説

1　制度の趣旨

　被災者生活再建支援金は、被災者生活再建支援法に基づいて支給されるものであり、「自然災害によりその生活基盤に著しい被害を受けた者に対し、都道府県が相互扶助の観点から拠出した基金を活用して」支給されるものであり、被災者の「生活の再建を支援し、もって住民の生活の安定と被災地の速やかな復興に資することを目的とする」（同法第1条）制度です。

2　支給実績

　土砂災害・水害の被災者に対する支援金の支給実績（ただし、平成26年から平成30年までの期間の受給世帯100世帯以上の災害）は以下のとおりです（内閣府ホームページ参照）。

　①　平成26年8月19日からの大雨による災害

　　◆広島県：広島市

　　◆284世帯　5億3137.5万円

　②　平成27年9月関東東北豪雨災害（申請期間未了）

47

◆福島県：田村市、茨城県：日立市・常総市・猿島郡境町、栃木県：栃木市・小山市・鹿沼市、宮城県：大崎市

　　◆2033世帯　30億6312.5万円

③　平成28年台風10号による災害（申請期間未了）

　　◆北海道：室蘭市・南富良野町・白老町・洞爺湖町・新得町・清水町・幕別町、岩手県：全域適用

　　◆1107世帯　14億8962.5万円

④　平成29年7月九州北部豪雨による災害（申請期間未了）

　　◆福岡県：全域適用、大分県：日田市

　　◆504世帯　6億2675.0万円

⑤　平成29年台風18号による災害（申請期間未了）

　　◆大分県：佐伯市・津久見市

　　◆29世帯　4975.0万円

⑥　平成30年7月豪雨による災害（申請期間未了）

　　◆京都府：福知山市・綾部市、兵庫県：神戸市・宍粟市、岡山県：全域適用、広島県：全域適用、徳島県：三好市、愛媛県：全域適用、福岡県：北九州市・久留米市・飯塚市・嘉麻市、島根県：江津市・邑智郡川本町、山口県：岩国市・光市、高知県：宿毛市・香南市・幡多郡大月町、佐賀県：三養基郡基山町、岐阜県：関市

　　◆8796世帯　98億0537.5万円

3　制度の対象となる自然災害（内閣府ホームページ等参照のこと）

(1)　被災者生活再建支援法施行令1条

　　1　災害救助法施行令1条1項1号又は2号のいずれかに該当する被害が発生した市町村

　　2　10以上の世帯の住宅が全壊する被害が発生した市町村

第1部・2　公的支援制度

　　3　100世帯以上の世帯の住宅が全壊する被害が発生した都道府
　　　県　等
　(2)　被災世帯の対象が市町村・都道府県単位でカウントされるため、
　　　要件認定のうえで隙間が生じ、被災自治体より全壊・大規模半壊
　　　等の認定を受けた被災者であっても、支援金を受けられない場合
　　　が生じることがあります。今後の政策課題として指摘されていま
　　　す。

4　制度の対象となる被災世帯

　被災者生活再建支援法2条2号に「被災世帯」として規定されてい
ます。

　①　住宅が全壊した世帯
　②　住宅が半壊し、又は住宅の敷地に被害が生じ、当該住宅を解体
　　　し、又は解体されるに至った世帯
　③　住宅が半壊し、大規模な補修を行わなければ居住することが困
　　　難な世帯（「大規模半壊世帯」）　等

5　災害に係る住宅の被害認定について

　(1)　災害に係る住家の被害については、国が示した「災害の被害認
　　　定基準（平成13年6月28日付内閣府政策統括官（防災担当）通
　　　知」等に基づき、市町村が被害の程度を認定し、罹災証明書を発
　　　行しています。
　　　　また、土砂災害による住宅被害の認定については、被災者生活
　　　再建支援法の積極的活用を図る観点から、「浸水等による住宅被
　　　害の認定について」（平成16年10月28日（内閣府生活統括官（防
　　　災担当））通知が発せられていることに留意が必要です。
　　　　他方、被害認定の標準的な調査・判定方法については、前記
　　　「災害の被害認定基準」を受けて、内閣府が、平成13年に作成し

49

た「災害に係る住家の被害認定基準運用指針」(内閣府(防災担当))を示し、同21年、同25年の改定を経て、平成30年3月に改定されています。

(2) 洪水や土砂災害による住家の被害認定については、前記「運用指針」に示された「被害認定フロー」が留意されるべきですし、洪水、土砂災害の場合には、被災者生活再建支援法の積極的活用を図る観点から発せられた前記「浸水等による住宅被害の認定について」が活用されることが望まれます。特に自治体においては、洪水や土砂災害による被害と地震による被害の相違点を念頭に置いて、前記運用指針及び「浸水等による住宅被害の認定について」を十分理解して、被害認定が進められることが望まれます。

(3) 水害による被害については、前記「被害認定フロー」等に基づき第1次調査に基づく判定がなされますが、判定結果に納得がいかない場合、自治体に第2次調査を求めることができますし、この結果に納得できない場合には再調査の依頼も可能です(本書「罹災判定」の項を参照のこと)。建築士等、専門家の協力が必要ですので、相談することをお勧めします。

(4) 被災者生活再建支援金の対象世帯は「全壊」「大規模半壊」を主としており「半壊」世帯は原則として除外されています。「半壊世帯」といっても実質的に「大規模半壊」と被害程度がほとんど相違のない実例が多く、損壊認定の基準をさらに段階的にすることにより、被害程度に見合ったきめ細かい支給が必要との問題提起がなされており、被害の判定に当たり同様の視点が必要とされているところです。

6 支援金の内訳

① 基礎支援金(住宅の被害程度に応じて支給する支援金)

第1部・2　公的支援制度

住宅の被害程度	全壊	解体[※1]	長期避難[※2]	大規模半壊
支給額	100万円	100万円	100万円	50万円

　　※1　解体：住宅が半壊又は住宅の敷地に被害が生じ、その住宅
　　をやむを得ず解体した世帯

　　※2　長期避難：災害による危険な状態が継続し、住宅に居住不
　　能な状態が長期間継続している世帯

　②　加算支援金（住宅の再建方法に応じて支給する支援金）

住宅の再建方法	建設・購入	補修	賃貸（公営住宅以外)[※3]
支給額	200万円	100万円	50万円

　　※3　いったん賃貸した後、自ら居宅を建設・購入（又は補修）
　　する場合は、合計で200（又は100）万円

　③　単身世帯の場合は基礎支援金も加算支援金も複数世帯の場合の
　　4分の3の額となります。

7　申請期間等

　基礎支援金：災害発生日から13月以内（被災者生活支援法施行令4
　　　　　　　条1項）

　加算支援金：災害発生日から37月以内（被災者生活支援法施行令4
　　　　　　　条2項）

　その他申請方法については被災自治体のホームページ等を参照のこ
と。

8　東日本大震災を踏まえての留意事項

　東日本大震災の際、宮城県石巻市では2,000名を超える在宅被災者
が確認されています。これら被災者の中には、基礎支援金・加算支援
金が住家の修繕費として十分でない世帯が相当数生じています。特に、
災害救助法上の応急修理制度や自治体の独自事業である補助金や義援

金を加えても、修繕が全うできず、風呂やトイレ、壁の一部の修繕等ができない被災者が相当数生じています。

発災直後から、住宅再建の手法について専門家（弁護士・建築士等）に繰り返し相談することが有益です（本書「災害ケースマネジメント」の項を参照のこと）。

なお、東日本大震災の被災者の中に加算支援金（修繕）を利用したために災害公営住宅の申込資格を否定された事例がありますので、注意が必要です。

9 参考文献

津久井進『Ｑ＆Ａ被災者生活再建支援法』商事法務（2011年）

災害救助実務研究会編著『災害救助の運用と実務〈平成26年版〉』第一法規（2014年）

第1部・2 公的支援制度

災害弔慰金について教えてください。

災害によりご家族を亡くされた遺族に、市町村から弔慰金が支給される制度です。

解説

　災害弔慰金の支給等に関する法律では、①災害によって家族を喪った遺族に対して災害弔慰金を支給すること、②災害で重い障がいを負った者に災害障害見舞金を支給すること、③被災者に対して災害援護資金の貸付けを行うことが定められています。災害弔慰金とは一般的にこの①の意味で使われます。

　同法を受け市町村は条例を制定して前記の各弔慰金を支給します。市町村によっては独自財源により支給対象者を広げたり、支給額を増額したりすることも可能とされています。したがって、相談を受けた弁護士としては、各自治体の窓口に問い合わせて同地での支給内容を確認することが必要となります。

　災害弔慰金は、災害による直接死だけでなく、災害に起因して亡くなった災害関連死の場合にも支給されます（災害に起因するか否かは、災害がなければその時期に死亡しなかったと認められるか否か、相当因果関係があるかの判断によることになります）。

　支給額は、死亡者が主たる生活維持者であれば500万円、それ以外の場合は250万円とされています。この差異については、弔慰金制度が、遺族の心痛に対する慰謝であることからすれば、生計維持者であ

るかによって差異を設けることには問題があるとの指摘もあります。

　遺族の範囲は、配偶者（事実上の離婚の場合は除き、内縁者を含みます）、子、父母、孫及び祖父母とされていましたが、東日本大震災後の改正で同居又は同一生計の兄弟姉妹も含まれることになりました（ただし、兄弟姉妹については、当該配偶者、子、父母、孫又は祖父母のいずれもが存しない場合に限ります）。

　なお、災害弔慰金として支給を受けた金銭は、差し押さえることができません。

第1部・2　公的支援制度

災害関連死とは何ですか。また、災害弔慰金はどのような場合に、いくら支払われるのでしょうか。災害弔慰金が不支給となった場合、どのようにしたらよいでしょうか。

災害関連死とは、災害による負傷等の悪化や避難所等における生活の肉体的・精神的疲労等から体調を崩し死亡した場合をいいます。

　そして、災害関連死のうち、災害と死亡との間に関連性（相当因果関係）が認められる場合、災害弔慰金の支給等に関する法律に基づき災害弔慰金の支給対象となります。災害弔慰金は、生計維持者が死亡した場合500万円、その他の者が死亡した場合250万円が遺族に支給されます。

　災害弔慰金が不支給となった場合、不支給決定がなされたことを知った日から3か月以内に、不支給決定をなした市町村長に対し審査請求を行うことができます。また、決定がなされたことを知った日（先に審査請求を行った場合には裁決があったことを知った日）から6か月以内に市町村を被告として裁判所に不支給決定の取消訴訟を提起することができます。

　同法に定める支給要件に該当せず、国からの災害弔慰金が支給されない場合でも、都道府県や市町村が独自の弔慰

55

金制度を設けている場合がありますので、その有無や内容も確認しましょう。

解説

　災害関連死とは、広義には、災害による負傷等の悪化や避難所等における生活の肉体的・精神的疲労等から体調を崩し死亡した場合をいい、狭義には、災害弔慰金の支給等に関する法律との関係で、災害関連死のうち、災害と死亡との間に関連性（相当因果関係）が認められ、同法に基づき災害弔慰金の支給対象となる場合をいいます。なお、災害関連死は震災関連死あるいは原発関連死とも呼ばれています。

　災害弔慰金の支給等に関する法律1条は、「災害により死亡した者」と規定していますが、災害関連死について明確な定義は規定されていません。東日本大震災後、復興庁は、「震災関連死の死者」について「東日本大震災による負傷の悪化等により亡くなられた方で、災害弔慰金の支給等に関する法律に基づき、当該災害弔慰金の支給対象となった方」と定義しましたが、それ以上に具体的な内容は明らかでありません。

　災害弔慰金の支給等に関する法律は、災害救助法と同様、一定数以上の住家の滅失がある災害に適用され、災害弔慰金は、災害によって直接死亡した場合だけでなく、災害と死亡との間に関連性（相当因果関係）が認められる場合に支給されます。復興庁によれば、東日本大震災では、平成30年9月30日現在、1都9県で3,701人の震災関連死が認められています（原発避難者も含む）。その原因として、病院の機能停止による初期治療の遅れや既往症の増悪、避難所等への移動中あるいは避難所等における生活の肉体・精神的疲労、地震・津波のストレスによる肉体・精神的疲労等が挙げられています。

第1部・2　公的支援制度

　災害弔慰金の支給申請は、市町村（特別区を含む）に行うことになっています（同法3条1項）。自治体ごとに災害弔慰金の支給等に関する条例が規定されていますので、申請する際には、死亡した住民の市町村の条例を確認しましょう。

　支給対象となる遺族の範囲は、配偶者（婚姻の届出をしていないが事実上婚姻関係と同様の事情にあった者を含み、離婚の届出をしていないが事実上離婚したと同様の事情にあった者を除く）、子、父母、孫又は祖父母並びに兄弟姉妹（死亡した者の死亡当時その者と同居し、又は生計を同じくしていた者に限る。ただし、兄弟姉妹にあっては、当該配偶者、子、父母、孫又は祖父母のいずれも存しない場合に限る）とされています（同法3条2項）。また、支給には順位があります（各市町村の条例）。

　災害弔慰金の決定に不服がある場合は、決定がされたことを知った日から3か月以内に、その決定をした市町村長に対し審査請求を行うことができます。また、場合によっては再度申請をすることもできます（ただし、処分があった日から1年が経過したときは審査請求ができなくなります）。さらに、災害弔慰金の不支給決定は処分性が認められることから、不支給決定がなされたことを知った日（先に審査請求を行った場合には裁決があったことを知った日）から6か月以内に、決定をなした市町村を被告として裁判所に不支給決定の処分の取消訴訟を提起することができます（ただし、処分又は裁決があった日から1年が経過したときは審査請求ができなくなります）。

　審査請求あるいは取消訴訟のいずれの場合も、災害により死亡したと評価できるか、すなわち災害と死亡との間に関連性（相当因果関係）が認められるかが問題となります。この点、大阪高判平成10・4・28判タ1004号123頁〔28040925〕は「震災と死亡との間に相当因

57

果関係があるというためには、震災が原因となって死亡という結果が生じたと認められること、換言すれば、震災がなければ死亡という結果が生じていなかったと認められることが必要であるが、これが認められる以上は、死期が迫っていたか否かは右相当因果関係の存否の認定を左右するものではない」と判断しているのが参考となります。東日本大震災後も岩手県、宮城県や福島県で災害弔慰金の不支給決定の取消訴訟が提起されました。弁護士として、災害弔慰金の支給申請について相談を受けた場合には、震災と死亡との関連性（相当因果関係）について、死亡した方の震災前の生活状況から震災が発生し、死亡に至るまでの経緯について具体的に主張立証することが重要であることを助言すべきです（参考となる裁判例として、盛岡地判平成27・3・13公刊物未登載、仙台地判平成26・12・9判時2260号31頁〔28225063〕）。なお、災害関連死として認められるか否かで災害弔慰金の支給の有無が決定されるところ、東日本大震災では自治体の審査会の構成、審査の基準や公平性が問題視されました。

　同法に定める支給要件に該当せず、国からの災害弔慰金が支給されない場合でも、都道府県や市町村が独自の弔慰金制度を設けている場合があります（例として、平成30年7月豪雨災害における広島県災害弔慰金）。その有無や内容も確認しましょう。

第1部・2 公的支援制度

Q08 その他の公的な支援制度について教えてください。

A 生活費や生活再建資金等の貸付けを受ける制度や、応急修理等があります。また、大規模災害の発生時には、新たな支援制度が創設されることもありますので、最新の情報をご確認ください。

解説

被災者を支援する公的な制度は様々なものがあります。また、大規模災害が発生した場合には、新たな支援制度が創設されることもあります。以下、代表的なものを紹介します（あくまでも代表的なものです）。

1 生活費や生活再建資金等の貸付けを受ける制度

有利な条件で貸付けを受ける制度が多数あります。代表的なものとしては、災害により負傷又は住居・家財に損害を受けた方に対する制度として、最大350万円の貸付けを受けられる災害援護資金貸付けという制度があります（なお、当該被災世帯が政令で定める一定の世帯収入に満たない場合に貸付けを行うことができるとされており、所得制限あり）。また、金融機関等からの借入れが困難な方を対象に、最大150万円程度の貸付けを行う生活福祉資金制度による貸付けがあります。後者の中には、一次生活支援費として、当面の生活費として20万円以内の金銭の貸付けを受けられる制度なども含まれています。

2 応急修理

　災害救助法が適用された市町村では、日常生活に必要な最小限度の部分を応急的に補修してもらえる、応急修理という制度が利用できます。

　屋根やドア、上下水道やトイレ、畳などの修理に利用でき、限度額は世帯当たり54万7千円です。細かい運用は、市町村によって異なることが多い制度ですので注意が必要ですが、半壊以上の被害を受けた場合で、応急修理することにより居住可能となり、避難所等への避難を要しなくなると見込まれる場合（仮設住宅を利用しない場合に限る）に利用できる制度です（住家が半壊の場合には所得制限あり）。なお、市町村によっては全壊の場合は利用できないと運用されることはありますが、法律上、そのような制限はありません。

　修理の方法については、市町村が自ら発注する場合や、市町村指定の業者に対し所定の方法で申し込む方法などがありますので、修理する前に市町村に事前に相談するようにしてください。

3 大規模災害の発生時に創設された支援制度の例

　例えば、東日本大震災において、国は、平成26年4月1日からの段階的な消費税率の引上げに伴い、被災者の住宅再取得や被災した住宅の補修に係る消費税の負担増加に対応するための措置として、住まいの復興給付金制度を創設し、東日本大震災により被害が生じた住宅の被災時の所有者が、引上げ後の消費税率が適用される期間に、新たに住宅を建築・購入し、又は被災住宅を補修しその住宅に居住している場合に、一定の給付を受けられることとされました。

　また、被災自治体が独自に制度を創設する例もあります。

　例えば、東日本大震災発生後、岩手県では、被災者住宅再建支援事業が創設され、平成23年の東日本大震災及び津波により、岩手県内で

第1部・2　公的支援制度

その居住する住宅が全壊し、又は解体されたことにより、被災者生活
再建支援金の基礎支援金を受給しており、かつ岩手県内に自宅を建設
又は購入することにより、被災者生活再建支援金の加算支援金を受給
している場合、申請により、最大で100万円（単数世帯の場合には75
万円）を限度に補助がなされました。また、一定のバリアフリー基準
を満たす住宅を再建した場合に最大90万円が、岩手県産木材を積極的
に使用する住宅に対して最大40万円が補助される制度や、被災者が住
宅の新築、補修又は改修を行うために借入れを行った場合に、新規
ローンについて当初5年間の利子、既存ローンについて5年間の利子
を対象に、一定の補助を行う利子補給制度が設けられる等しました。
さらに、岩手県内では、被災した市町村等においても、当該市町村内
で住宅再建を果たした場合に一定の補助金を支給する等、独自の制度
が創設されました。このように、大規模災害が発生した場合には、新
たな支援制度が創設されることもありますので、制度の有無やその内
容について、最新の情報を確認するようにしてください。

　なお、大規模災害の発生時に創設された支援制度については、申請
期限が設けられることも多い（復興の状況に応じて期限が延長される
ことも考えられます）ため、注意が必要です。

Q09 住民票上の住所は被災地以外にあるのですが、被災地に土地・建物を所有しており、時々行き来をして生活していました。その住宅が災害で全壊しました。被災地における住宅に関する公的助成制度の適用を受けることができるのでしょうか。

A 住宅に関する主な支援制度としては、被災者生活再建支援金、災害援護資金貸付け、各種宅地の買取り等（防災集団移転促進事業や区画整理など）があり、義援金もあります。

制度ごとに扱いが異なりますので、1つひとつ確認してください。

解説

まず、被災者生活再建支援法では、自然災害により「居住」する住宅が被害を受けたことを被災者生活再建支援金の支給条件としています。同法に「居住」の定義はありませんが、当該住宅を生活の本拠として日常的に使用していることと考えられます。そのため、当該住宅が住民票上の住所ではなくとも、生活の本拠として日常的に使用している実態が確認できれば、被災者生活再建支援金の支給対象となる可能性があります。

具体的には、水道、電気等公共料金の料金明細、郵便物、NHKの受信料の領収書、携帯電話等の請求書、金融機関の通帳、通学証明書、

第1部・2　公的支援制度

プロパンガスの配達証明、民生委員や町内会長による居住証明等により生活の実態を証明することになります。どのような書類を求められるかは自治体によって運用が異なりますので、詳しくは自治体の窓口で相談するよう相談者を案内してください。

　一方、居住ということが難しくても、住宅に被害を受けたのであれば、災害援護資金貸付けを利用できることがあります。具体的には、災害救助法に基づく救助等が行われた災害により、半壊以上の被害を受け、所得制限等に該当しないのであれば、一定の金銭を生活再建資金として借り受けることができます。

　災害の規模によっては、災害危険区域等の指定がなされ、土地の買取り等がなされる場合があります。住宅の所在地が買取り等の対象地域になるのであれば、この対象になるとともに、制度によっては利子補給制度などが付随するので、それらの制度を利用できることがあります。

　また、居宅でなかったとしても住宅の被害そのものに応じて一定の義援金等が支給されることもあります。自治体の広報などで確認し、最寄りの自治体に問い合わせるなどしてみてください。当初、対象にならない場合でも、何度目かの分配時に対象となることもあります。

63

Q10 救援物資の情報を教えてください。

A まずは、避難所や都道府県市区町村が設置する災害対策本部に問い合わせてください。また、日本赤十字社や一般企業、ＮＰＯ等が供給していることもあるので、必要に応じて問い合わせてください。

解説

　救援物資とは、災害発生時に、被災者に対して供給される食料・生活用品のことをいいます。支援物資と呼ばれることもあります。

　大規模災害の場合、災害救助法が適用されることがあり、都道府県知事が同法による救助を行い、市町村長がこれを補助することになります。もっとも、実際には、市町村が避難所の運営等を通じて災害救助を行うことになります。同法４条１項は災害救助の種類として「炊き出しその他による食品の給与及び飲料水の供給」（２号）、「被服、寝具その他生活必需品の給与又は貸与」（３号）、「生業に必要な資金、器具又は資料の給与又は貸与」（７号）、「学用品の給与」（８号）等の支援を規定しており、これらがまさに救援物資に当たります。災害救助法は、救援物資等による災害救助の国庫負担や都道府県知事の努力義務として災害時に救助が的確に行われるように組織等を整備する義務を定めており、災害発生時に都道府県が各市町村と連携して救援物資の供給を行うことを求めています。大規模災害が発生したり、そのおそれがある場合、市町村が避難所を開設することがあります。避難

所において、炊き出し等による食品や飲料水の支給、衣料品、寝具等の生活必需品の支給・貸与が行われることになります。また、避難所以外でも都道府県市区町村が設置した災害対策本部が救援物資の供給に関する情報を有している場合があります。まずは、避難所を開設して救援物資を供給している各市町村や災害対策本部を置いて救援物資の供給に関する情報を有していると考えられる都道府県に問い合わせてください。

なお、法による救助の原則から導き出される救助の性格により、災害救助法による災害救助は、金銭ではなく、現物支給が基本であり、現に救助を必要としている被災者については、経済的要件・住民国籍要件を問わず、必要に応じて救助されるべきとされています（内閣府政策統括官（防災担当）付参事官（被災者行政担当）「災害救助事務取扱要領」（平成29年4月策定））。

災害救助法の適用のない災害の場合でも、都道府県は、平時から災害救助を前提とした準備をしているはずですので、災害の実情に合わせた支援が受けられる可能性があります。

また、都道府県や市区町村以外にも、災害救助法に基づいて救助の協力や応援を行う日本赤十字社やその他の一般企業、各地のＮＰＯ団体等が救援物資を支給してくれる場合があります。日本赤十字社に問い合わせたり、一般企業や各地のＮＰＯ団体については、どこの企業、団体が救援物資を供給してくれるのかわかりませんので、避難所等に回ってくる情報やインターネットで検索したりすることが必要です。

さらには、個人からの救援物資の供給ということも考えられます。救援物資の供給を申し出ている個人と直接つながることは難しいですが、例えばAmazon.co.jpでは、被災者と支援者をつなぐ物資支援のサポートとして、東日本大震災以降、「たすけあおう Nippon ほしい

物リスト」という仕組みをつくり、支援を必要とする避難所や仮設住宅などが「ほしい物、必要な物」とその個数などをリクエストし、そのサイトをみた個人がその物の代金を支払って購入し、Amazonを通じて被災地に物を送ることができるようになっています。個人による救援物資の供給をうまく被災地につなげる方法の1つということができると思われます。

第1部・2　公的支援制度

自宅には被害はないのですが、ライフラインの復旧がありません。この場合、補償はあるのでしょうか。

自然災害で電気や水道、ガスなどのライフラインがストップした場合には、料金支払期限の延伸や免除等の特別措置が受けられる場合があります。

解説

　自然災害によって、電気や水道などのライフラインを利用できなかった場合の料金等の支払については、ライフラインの契約先に確認することで、特別措置が受けられる場合があります。

　例えば、平成30年7月の豪雨災害において、中国電力株式会社は「平成30年7月豪雨に伴う電気料金等の特別措置」として、以下の特別措置を実施しました（「中国電力　平成30年7月5日からの大雨により被災されたお客さま等に対する電気料金その他の特別措置について」http://www.energia.co.jp/assets/press/2018/p180710-1a.pdf（平成31年1月31日現在））。

(1)　電気料金の支払期日の延長
(2)　不使用月の電気料金の免除
(3)　工事負担金（電気設備を新たに設置したり、増強したりする場合等の費用）の免除
(4)　臨時工事費（復旧作業に使用するための臨時電力や臨時電灯を使用する場合の工事費）の免除

⑸　基本料金の一部免除

　このように、自然災害発生時には、ライフラインに関する特別措置が講じられることがあります。その場合の対象地域や対象者の要件、特別措置が受けられる期間等はまちまちですので、契約先企業や各自治体の危機管理課に確認する必要があります。

第1部・2　公的支援制度

土砂の流入により、農地や水路が埋まるとともに、ビニールハウスが倒壊し、また、農機具と農作物がダメになってしまいました。支援制度はないでしょうか。

国等の補助や長期低利の融資を得ることのできる経済的な支援制度があります。

解説

　農地や農道、水路等の農業用施設の復旧は、国の補助の対象となる「農地・農業用施設災害復旧事業」（農林水産業施設災害復旧事業費国庫補助の暫定措置に関する法律）として行うことができる場合があります（被害額が40万円未満の場合等の被害が小さい場合には補助の対象となりません）。翌期も作付けを行って営農を再開するためには一刻も早い復旧が重要であることから、同事業においては、正式の手順を省略して災害査定を待たずに応急復旧工事に着手することができる「査定前着工制度」が設けられています。さらに、当該災害が激甚災害に指定されると、同事業に係る補助の特別措置として被害の程度に応じて国の補助率が引き上げられます。

　農業用施設や農業用機械の再建又は修繕等については、過去の大規模災害時には、「被災農業者向け経営体育成支援事業」が発動されています。これを利用すれば、国の補助により被災前と同程度の状態への再建又は修繕等を行うことができます（これが発動されなくても、平時の「経営体育成強化資金」を利用することが考えられますが、こ

れには前記事業に比べて補助対象の地域及び農業者が限定されている等の制限があります）。

　同事業は、倒壊した農業用施設を撤去する場合にも利用できますが、経営体を支援するという事業の性質上、被災農業者が営農を再開しない場合は利用することができません。その場合には、環境省の「災害等廃棄物処理事業」を利用することも考えられます。

　融資制度（農業制度資金）としては、災害復旧復興に直接対応するものとして、経営再建のための「農林漁業セーフティネット資金」、及び、施設復旧や果樹改植等のための「農林漁業施設資金（災害復旧）」のほか、「天災資金」（天災による被害農林漁業者等に対する資金の融通に関する暫定措置法が発動された場合。なお、適用事例は極めて少ないものの、激甚災害に対処するための特別の財政援助等に関する法律8条所定の貸付限度額の引上げ及び貸付期間の延長の特例がある）があります。

　また、災害復旧・復興を目的とする資金ではないが内容によって活用することができるものとして、前記「経営体育成強化資金」のほか、「農業経営基盤強化資金（スーパーL資金）」及び「農業近代化資金」（農業近代化資金融通法）等があります（以上の資金の取扱融資機関は、農業近代化資金は農業協同組合、その余は株式会社日本政策金融公庫（沖縄県では沖縄振興開発金融公庫））。

　さらに、過去の大規模災害時には、これらの資金につき、農林水産省が、貸付当初5年間実質無利子化や実質無担保・無保証人化するなどの特例措置を実施しています。

　加えて、過去の災害時には、都道府県や市町村、農業協同組合が被災農業者支援のための単独事業・補助事業や特設資金を設けている例もあります。

第1部・2　公的支援制度

　また、作物によって利用できる支援制度が異なる場合もあります。ちなみに、葉たばこについては、日本たばこ産業株式会社による災害援助金制度があります。

　被災農業者に対する支援制度の情報は、当該被災農業者の所在する都道府県や市町村のウェブサイトに整理されて掲載されているものと思われます。被災農業者から相談を受けた弁護士としては、以上の制度概要を把握したうえで、当該ウェブサイトを閲覧するなどして最新の支援情報を収集し、これを提供することが重要です。

土砂で墓が流されてしまいました。整備や再建をしたいのですが、何か支援はないでしょうか。

 ケースにもよりますが、経済的な支援制度があります。

解説

　自治体によっては、補助金交付要綱によって、被災した墓の復旧に関する助成を行っています。

　もっとも、これらの補助金については、対象となる墓地が限定されている場合や（集落や自治会等で管理する共同墓地であることや、地方公共団体、宗教法人、個人が墓地の経営主体ではないこと等）、対象となる復旧工事に限定がある場合（通路や擁壁等、共有部分の復旧工事のみ等）が多く見受けられます。また、補助金の上限もあります。

　その他、墓の被害を受けた被災者に対して義援金が分配される場合もあります。平成26年広島市土砂災害では、墓石流出の被害を受けた墓地区画の使用者に対して、第3次配分で20万円が配分されています。

　したがって、まずは当該自治体に補助金交付要綱が存在するか、存在する場合には補助金交付の対象となる墓地、復旧工事であるかを確認すること、義援金の配分対象となっているかを確認することが必要になります。

　なお、義援金配分があるとしても、2次配分以降となる可能性が高いため、相談を受けた際には、現時点で配分対象となっていなくても将来的な義援金配分があり得ることを伝え、注意を促すことが有益です。

第1部・2　公的支援制度

Q14
義援金が住民票に基づいて配分され、実態は2世帯なのに1世帯として扱われて、配分額も少なくなってしまいました。どうしたらよいでしょうか。

A
義援金（義捐金）は、被災者生活再建支援金の支給基準に準じ、「世帯」ごと又は世帯を構成する人数に応じて配分されることが通例です。「世帯」の認定が、住居と生計をともにしているかどうかという点から判断されることから、それらの実態を示す必要があります。

解説

1　義援金（義捐金）とは

義援金は、募金者から集められ、被災者に対して条件に応じて平等に配分される金員です。義援金の配分方法を定めた法律はありません。

義援金の配分は、災害の規模等によって異なりますが、一般的には①日本赤十字社等の受付団体による義援金の受付、②受付団体から被災自治体（都道府県又は市町村）の義援金配分委員会への送金、③義援金配分委員会における配分基準の決定、④被災市町村による被災者への義援金の配分、といった過程を経て行われます。配分基準は、被害の種類（人的なものか物的なものか等）や程度等による分類を踏まえ、通常は、1人当たり又は1世帯当たりの配分金額として示されます。

73

2 「世帯」の定義

前記の配分基準において、通常、「世帯」は定義されません。また、義援金と類似して現金を給付する制度として被災者生活再建支援法に基づく支援金の支給制度がありますが、同法にも「世帯」の定義はありません。

一般的に、「世帯」とは、住居及び生計をともにする者の集まり又は独立して住居を維持し若しくは独立して生計を営む単身者を指すと考えられます。住民基本台帳事務処理要領（昭和42年10月4日付自治省行政局長ほか通知）においても、「世帯」とは、「居住と生計をともにする社会生活上の単位」とされています。したがって、同一建物に居住していても生計が異なる者については別世帯として扱われることが適切です。

3 生活実態は2世帯なのに1世帯と扱われた場合の対応

義援金の配分においては、迅速性や（形式的な）平等性が重視され、多くの自治体で、住民票上の記載が世帯数の重要な判断資料とされています。そのため、同一建物に居住していても、実態としては生計が異なっていても、住民票上、世帯が分離されていないときは、自治体は住民票に基づいて1世帯と扱う傾向にあります。

実際に、東日本大震災では、住民票上、同一世帯である場合には、電気・水道等が別に契約され、さらに住宅の構造上、居住空間が区別されていることが明らかに確認できるときでなければ、2世帯であるとは認められない自治体がありました。

住民票上の記載が1世帯となっていても、生活実態として2世帯であることが認められれば、2世帯として義援金の配分を受けることができます。世帯数の認定は自治体によってばらつきがありますので、相談者に対し、詳しくは自治体の窓口に直接相談することを勧めるこ

とになります。その際、弁護士としては、まず、相談者が「2世帯ある」と考える事情を確認し、前記のような「世帯」の定義や、自治体における判断傾向を説明することになります。そのうえで、2世帯であることの生活実態を証明するための資料として、ライフラインに関する契約や支払を区別していたことがわかる資料（水道光熱費の請求書、領収証等）、その他の生計を区別していたことがわかる資料、あるいは、物理的に居住空間が区別されていたことがわかる資料（住宅の図面や写真）等があるか、その内容はどのようなものかを確認し、相談者とともに、2世帯あることが認められるような説明を構成していきます。

3 相隣関係

Q01 私の所有している土地に上流から土砂や瓦礫が流れ込んできました。誰の費用と責任で片付けるのでしょうか。

A 原則として土地所有者は流れ込んできた土砂や瓦礫の所有者に対し、その所有者の費用でこれらを撤去することを求めることができます。また、災害の規模によっては公費により撤去がなされる場合もあります。

解説

　土地の所有者は物権的妨害排除請求として、自分の敷地内に流入してきた他人の所有物をその第三者の費用で撤去することを求めることができるとするのが通説の考え方です。したがって、所有者が明らかな物については、その所有者に対して撤去を求めることになります。

　ただし、自分の敷地内に流入した原因が不可抗力によるものである場合には物権的妨害排除請求権は生じないとする大審院の判例もあります。また、大規模土砂災害の場合には、土砂の流入元も同様に被災者である場合が多いといえます。そうすると、土砂などの撤去については、災害の状況を踏まえ、法律を機械的に適用するよりも、当事者間での話合いや地域との協力により進める方が適切な場合もあると思われます。弁護士会の災害ADRや民事調停の利用も検討してみてください。

第1部・3　相隣関係

　なお、土地所有者としては、所有者が明らかな物を勝手に撤去する
と自力救済として不法行為責任を負う場合がありますので注意が必要
です。したがって、後日、紛争にならないように、まず誰の所有物か
調査することが必要ですし、所有者がわかったら、その所有者の承諾
を得て撤去する、所有者がわからなかったら、敷地の隅に移動するに
とどめて処分をしない等の対応が望ましいと思われます。

　また、大規模災害などの場合は自治体が公費で瓦礫の撤去をする場
合があります（災害救助法4条1項10号、同法施行令2条2号）。自
分の敷地内に流入してきた土砂や瓦礫をどのような場合に公費で撤去
してもらえるかは法律に従って、災害の都度、自治体ごとに対象物や
条件が定められていますので、調査が必要です。自治体の広報誌や
ホームページなどで明らかでなければ自治体へ問い合わせることが必
要です。問合せ先も建築課や住民課など、自治体ごとに異なりますの
で、確認してください。

　私人間での紛争を避けるためには、まずは自治体の費用による撤去
が可能か否かを優先して判断することが必要となります。

77

私が所有する崖地の地盤が豪雨で緩み、相当量の土砂が隣地に流入した結果、隣地所有者が境界付近に設置していた外塀が崩壊してしまいました。隣地所有者から損害賠償を請求されていますが、私に賠償義務はあるのでしょうか。

A 所有している土地の土砂が隣地の人の財産に被害を及ぼす危険性を予見することができ、かつ、これを防ぐことができたにもかかわらず、放置していたというような場合(周囲から地滑りの危険性を繰り返し指摘され、早晩崩れ落ちそうな状況で擁壁の造成等により土留めなどで予防すべきであったのに、何ら対策を講じていなかった場合など)には、過失により他人の財産に損害を与えたものとして、民法709条により、不法行為に基づく損害賠償義務を負担することになります。

また、「その土地に接着して人工的作業が加えられることにより成立した物」(これを「土地の工作物」といいます。)があると認められる場合は、前記不法行為責任に加えて、民法717条の土地工作物責任として損害賠償義務を負担する可能性があります。

第1部・3 相隣関係

解説

　所有土地の土砂崩れにより隣地の人の財産に被害を及ぼす危険性を予見することができ、かつ、これを防ぐことができたにもかかわらず、これを防止するための必要な対策をとらずに放置していたというような場合には、過失により他人の財産に損害を与えたものとして、民法709条により、不法行為に基づく損害賠償義務を負担することになります。なお、損害賠償の問題は、流入した土砂や瓦礫の撤去の問題とは別の問題です、土砂や瓦礫の撤去に関しては物権的請求権や災害救助法の問題となります。

　民法709条は、「故意又は過失によって他人の権利又は法律上保護される利益を侵害した者は、これによって生じた損害を賠償する義務を負う」と定めており、故意又は過失が不法行為の要件となります。そして過失が認められるためには、結果に対しての予見可能性と回避可能性の存在が前提となります。周囲の人々から土砂崩落の危険性を繰り返し指摘されていて、客観的にみても早晩崩れ落ちそうな危ない状況で土留めなどで予防すべきであったのに、土地所有者が何の措置もとらなかったというような場合が、賠償責任の認められる典型例です。

　ただし、実際には「危険性を予見すること」ができたといえるのかどうかが微妙なケースが多いです。例えば、外見上は特に危険とも見えない土地が、その地域でめったにないような豪雨のため崩れ落ちたという場合に、土地所有者が危険を予見することができたかどうかは、直ちに結論が出るものではないと考えられます。

　もし、その土地に「工作物」があって、その工作物の設置又は保存に瑕疵があり、そのために土砂の隣地への流入が起こったという場合には、前記民法709条による不法行為責任とは別に、民法717条1項の

79

土地工作物責任が発生します。民法717条1項は「土地の工作物の設置又は保存に瑕疵があることによって他人に損害を生じたときは、その工作物の占有者は、被害者に対してその損害を賠償する責任を負う。ただし、占有者が損害の発生を防止するのに必要な注意をしたときは、所有者がその損害を賠償しなければならない」と定められています。土地の工作物とは、その土地に接着して人工的作業が加えられることにより成立した物をいいます。建物の他、道路や造成地、崖地の擁壁なども土地の工作物に当たるとされています。ですから、住宅地などでは、土地工作物責任が問題となるケースも多いと思われます。

　土地工作物責任は、その工作物の設置又は保存に瑕疵があれば、まずその工作物の占有者が損害賠償義務を負い、占有者が損害の発生を防止するのに必要な注意をしていたときは、所有者が損害賠償義務を負担することとされており、所有者は過失がなかった場合でも責任を免れることができません。

　「瑕疵」とは、工作物がその種類に応じて通常備えているべき安全性を欠いていることをいいますので、宅地の造成工事がずさんだったために、適正な造成工事をしていれば起きなかったはずの土砂崩れが起きたというような場合は、瑕疵があったと認められて、土地の占有者又は所有者が、自分では造成工事をしていなくても損害賠償責任を負うことになります。

　損害賠償を請求する側からみれば、民法709条の不法行為における「過失」よりも、民法717条1項の土地工作物責任における「瑕疵」の方が立証の難易度が相対的に低いなどと一般にいわれています。ただ、瑕疵にしても、その有無の判断には、種々の事情が総合的に考慮されますので、土地工作物責任に関しても、民法709条の不法行為責任と同様に、賠償する義務があるのかどうかの結論を容易に見通せない

80

第1部・3　相隣関係

ケースが相当数あります。そのため、相談を受けた弁護士としては、予見可能性の有無を示す事実を確認するだけでなく、工作物の瑕疵の有無を証明できるかどうかも確認しておくことになります。また、隣地所有者の態度にもよりますが、時間と費用をかけて争い続けるよりも、互いに譲り合って早期の協議による解決を目指す方が結果的によい解決となることも多いと思われます。争うのか、協議による解決を目指すのかといった方針の見極めについては、相談者の希望を踏まえて判断する必要があります。

Q03 所有している山林の立木が台風で倒れて近隣に被害を与えたときの山林所有者である私の責任はどうなるのでしょうか。

A 立木の維持・管理について、通常必要とされる安全性を欠いている場合、占有者又は所有者として、民法717条の土地工作物責任を問われる可能性があります。

ただし、同条の責任が認められる場合でも、自然力の競合として賠償額が減額される可能性もあります。

解説

1 工作物責任（民法717条）

民法717条1項は、「土地の工作物の設置又は保存に瑕疵があることによって他人に損害を生じたとき」、まずは土地の占有者が損害賠償責任を負うべきものとし、仮に占有者が損害発生を防止するために必要な措置を講じていた場合は、所有者が過失の有無にかかわらず、損害賠償責任を負うとする、いわゆる工作物責任を定めています。

同条2項では、竹木の栽植又は支持に瑕疵がある場合も1項と同様としています。

ここでいう「竹木」とは、人工的に植えられたものだけでなく、天然の竹木も含み、「瑕疵」とは、通常必要とされる安全性を欠く状態をいいます。

第1部・3　相隣関係

　山林の立木も717条2項の「竹木」に当たりますので、山林の立木が植えられ、又は維持・管理されるうえで通常必要とされる安全性を欠いている場合、具体的には、本件のように台風による場合は、当該地域において通常予想される強風・豪雨に耐えられる程度に立木の維持・管理がなされていなければ、本条の工作物責任が認められ得ると考えられます。

　また、717条の「占有者」かどうかは、立木の危険性を支配・管理する立場にあったかどうかが実質的に判断される傾向にあり、仮に管理人に管理業務を委託していたとしても、所有者が管理業務の内容を指示しているような場合、所有者も「占有者」であると判断され、第一次的な占有者責任を負う可能性もあります。

　次に、占有者が立木が倒壊するのを防止する措置を十分に講じていたことを立証した場合、所有者は、過失がなくても本条による損害賠償責任を負うことになります。

　ただし、判例上、占有者・所有者の工作物責任が認められた場合でも、強風・豪雨などの自然現象によって引き起こされた場合は、全額の賠償責任を負わせるのは酷であるとして、その自然力を考慮し、賠償額を減額するものもあります（長崎地佐世保支判昭和61・3・31判時1201号118頁〔27803467〕、神戸地判平成11・9・20判時1716号105頁〔28051980〕等）。

2　相談対応について

　以上では、主に訴訟となった場合を念頭に置き、工作物責任について解説しましたが、本件のような立木の所有者も、立木によって被害を受けた人も、ともに被災者である場合、時間と費用をかけて争うと被災によるダメージと裁判による負担を一挙に背負うことにもなりかねません。そこで、誠実に協議し、お互い譲り合うことにより紛争解

決を目指す方が、結果として双方にとって裁判よりも満足のいく解決になることも多いと考えられます。その点を踏まえ、相談者と今後の進め方について協議することになるでしょう。

　仮に、責任の有無について大きな見解の隔たりがあるなど相手方との話合いでは解決困難な場合、どうしても裁判手続によらなければならないこともありますが、工作物責任の有無、とりわけ、当該立木の維持・管理状況が「瑕疵」に当たるかどうかの判断が困難な場合も多くあります。訴訟での見込みを判断するためにも、従前の管理状況に関する資料を確保するようにし、瑕疵について反証可能かどうか検討しておくことになります。

Q04 台風で瓦が飛んで隣の建物を破壊したら、賠償しなければならないのでしょうか。

A 建物の設置、保存に瑕疵があれば、原則として所有者が過失の有無を問わず、責任を負担しなければなりません。賃借人等の占有者は、過失がないことを立証できれば責任を負いません。

解説

　土地の工作物（建物、機械等）の設置又は保存の瑕疵により、他人に損害が発生した場合、その工作物の占有者及び所有者が賠償責任を負います（民法717条1項及び同項ただし書）。

　この賠償責任が認められるためには、工作物に瑕疵があることと、瑕疵と被害結果との間に相当因果関係があることが必要です。それらが認められるときに、まず、責任を問われるのは工作物を事実上支配する占有者です。

　占有者は、損害の発生を防止するのに必要な注意を怠らなかったことを立証すれば、同条1項ただし書により免責され、責任を負いません（無過失の抗弁）。

　占有者が責任を負わないときは、工作物の所有者が同条1項本文に基づいて賠償責任を負います。この所有者の責任は無過失責任であるとするのが通説です。

　ただ、不可抗力といえる場合には、所有者に免責を認める下級審裁判例もあります。

例えば、屋根瓦の軽微なずれ等の不具合、建物の構造物の一部（例えば物干し台）が、朽廃していて、強風で破損、飛散したような場合、この外力である風が、通常の予測を超えていた（過去の記録をはるかに上回っていた等）ために、被害が生じた場合等は不可抗力の認められる余地があります。

　瑕疵とは、工作物が通常、備えているべき安全性を欠如していることとされます。

　瑕疵の有無は客観的に判断され、責任主体の故意、過失とは別個の問題です。

　仮に瑕疵が認められたとしても、その瑕疵と結果との間に相当因果関係が認められる必要があります。強風のために数軒の屋根瓦が一斉に飛んで被害建物を傷つけたという場合は、その瓦が、どの占有者、所有者の工作物のものなのかが判明せず、相当因果関係が認められない場合もあると思われます。ある家屋の屋根瓦がバラバラと隣家に落ちて、現場の客観的な状況から、隣家への落下、散乱した瓦の占有者、所有者が特定できる場合は、相当因果関係を認めることも可能でしょう。

　以上に関し参考として、福岡高判昭和55・7・31判時992号71頁〔27423529〕があります。

　同判例は、土地工作物に瑕疵がないというのは一般に予想される程度までの強風に耐えられるものであることを意味し、当該建物には予想される程度の強風が吹いても屋根瓦が飛散しないよう、建物所有者の保護範囲に属する本来の備えがあるべきであるから、その備えがないときは、台風という自然力が働いたからといって、当該建物に瑕疵ないし瑕疵と損害との因果関係を欠くものではないとし、昭和53年9月25日の台風18号の被害について、その被災状況を具体的にとらえ、

第 1 部・3　相隣関係

風速が秒速14.5メートルに達しない段階で加害者宅の屋根瓦が飛散し始めたこと、台風通過の加害者宅の屋根の被害状況が、付近一帯の建物の屋根に比べて大きかったことから、屋根瓦を針金か漆喰で屋根に固定する等の本来の備えが不十分であったと推認し、瑕疵の存在を認めました。

土砂により隣地駐車場にあった車両が流され、自己所有地の柵を損壊しました。車両所有者に柵の補修費用を請求できないでしょうか。

 車両所有者が隣地駐車場を占有しているにとどまるか、隣地駐車場の所有者でもあるかにより、補修費用を請求できるための要件が異なります。

解説

　駐車場の土砂が理由で車両が流されたとなると、車両所有者が、隣地駐車場を借りているだけのような場合（占有しているだけのような場合）には、車両所有者が、社会通念上、損害発生に必要な注意を怠っているようなケースにおいては、車両所有者に対して柵の補修費用の請求ができることがあります。

　一方で、車両所有者が、隣地駐車場の所有者でもある場合には、隣地駐車場の所有者に過失がなくても、隣地駐車場の設置・保存に「瑕疵」が認められれば、隣地駐車場所有者の責任として、柵の補修費用に関し、賠償請求はできます。

　もっとも、隣地駐車場の設置・保存に「瑕疵」があることが必要になりますので、未曾有の土砂災害のように、不可抗力による場合、通常の安全性を欠く「瑕疵」があるとはいえず、隣地駐車場所有者への補修費用の請求は難しいこともあります。

第1部・3 相隣関係

 隣地の土砂が今にも崩れ落ちてきそうな状態です。土砂の撤去や土砂流出の再発がないような工事を自治体がしてくれないでしょうか。

A 撤去については自治体がしてくれる可能性がありますが、土砂流出の再発防止については、自治体に求めることは難しい場合が多いでしょう。もっとも、独自の支援策がないかどうかを確認してみる必要はあります。

解説

　土地の所有者は、自分の敷地に入り込んだ他人の所有物については、妨害排除請求権に基づき、その所有者に撤去するよう請求することができますので、原則としては、土地の流出元の所有者に撤去を求めることになります。

　また、土砂が流出しそうな状況が現に存在する場合には、妨害予防請求権に基づき、流出しそうな隣地の所有者に対して、工事等の対策を求めることも考えられます。

　しかし、土砂の流出元が判明しない場合もありますし、迅速に撤去をすることが必要な場合もあります。また、災害時は、流出元の土地の所有者も被災者であることが多く、被災者が被災者に対して請求をするということは現実的ではありません。

　そこで、大規模災害時に災害救助法の適用がある地域では、自治体が住居又はその周辺に運ばれた土砂等について、日常生活に著しい支

89

障を及ぼしている場合には撤去をしてくれることがありますし、災害救助法の適用がない地域についても、自治体が独自に予算を組んで、私有地の所有者から依頼があった場合については、撤去をしてくれることがありますので、まずは自治体の窓口に問い合わせてみてください。

　また、廃棄物処理法の災害廃棄物処理事業では、瓦礫混じりの土砂について、私有地の所有者が業者に頼んで撤去をした場合、自治体に撤去にかかった費用を請求できることがあります。この制度の利用については、撤去の対象となる土砂か否かといった判断や、請求のための資料等の準備が必要になりますので、あらかじめに自治体の窓口に問い合わせて、利用が可能か確認をした方がよいといえます。

　以上のとおり、土砂の撤去については自治体が対応をしてくれる場合があります。

　しかし、土砂の流出防止については、土砂災害警戒区域等における土砂災害防止対策の推進に関する法律（以下、「土砂災害防止法」という）があり、警戒区域とされる場所については自治体が対策を進めることになってはいますが、私有地の場合には用地買収の予算の問題などもあることから、隣地の所有者が自治体に要請をして、直ちに対策に動いてもらうということを期待するのは難しい状況といえます。

　もっとも、私有地であっても、自治体の独自の制度により、崖崩れ防止などの補助制度を設けていることもあるので、念のため、窓口で確認してみましょう。

第1部・3 相隣関係

 Q07 相談者宅の隣家から、土砂と一緒に、車や家財道具などが流れ込んだ場合に隣の人に撤去を要請できますか。

A 原則、隣の人に撤去を要請できますが、できない場合もありますので、隣の人と話合いの機会を持ったり、お住まいの自治体に相談したりすることをお勧めします。

解説

　原則、流れ込んできた車や家財道具の所有者である隣の人に対して、物権的請求権として妨害排除請求として流入物を片付けてもらうことができます。

　ただし、原因が不可抗力である場合などには、例外があり得ると読める大審院時代の判例（大判昭和12・11・19民集16巻1881頁〔27500548〕）があります。

　また、自身で勝手に撤去した場合、その物に財産的価値がなくなっているときなどは、損害ないし違法性がないとして、不法行為責任を負わない場合もありますが、自力救済に当たるとして不法行為責任を問われる可能性もありますので、隣の人と協議して対処すべきだと思われます。

　一方、このような場合、自治体において廃棄物の処理計画が立てられたり、公費による撤去が行われたりする可能性があります。阪神・淡路大震災では、廃棄物処理法の特例として、倒壊家屋等の解体・撤

91

去を、災害廃棄物処理事業として所有者の承諾の下に市町村の事業として行われましたし、東日本大震災や平成30年の豪雨災害に際にも公費解体が行われました。公費解体をする場合自治体は終期を決めますが、延長されることも往々にしてありますので、自治体情報には注意しましょう。

第1部・3　相隣関係

相談者宅の敷地内に所有者不明の家財道具があります。勝手に処分してもよいのでしょうか。

基本的に勝手に処分することはできません。

解説

　解体処分をする場合は、原則所有者の同意が必要です。所有者不明の家財道具を所有者に無断で解体処分した場合は、民事事件として不法行為に基づく損害賠償責任を負う可能性があります（民法709条）。また、刑事事件として、器物損壊罪（刑法261条）に該当する可能性があります。

　所有者を知ることは大変困難だと思います。家財道具に経済的な価値がないと認められる場合、損害が発生しないので損害賠償責任が生じることはありません。器物損壊罪も被害者の告訴が必要なので（刑法264条）、現実には法的責任を問われることはないと思われます。

　また、災害が発生した場合で、市町村長が応急措置をとる必要のあるときは、現場の被害を受けた物件の除去やその他必要な措置をとることができます（災害対策基本法64条2項）。所有者不明の家財道具も「災害を受けた物件」に含まれる場合には、市町村に相談してみましょう。市町村長が物件を除去した場合、物件を保管して公告し、6か月後に権利者に返却できないときは物件の所有は市町村に帰属します。

土砂が相談者の家の床下に大量に流れ込んだ場合、放置してよいのでしょうか。近隣から何か言われたときには、撤去する義務はありますか。

土砂を放置すると、カビ・異臭悪臭・感染症等の健康被害の原因となり、家屋自体も痛むため、放置すべきではありません。また、私有地であるため、近隣から何か言われたとしても撤去する義務は原則的にはありませんが、被害が生じた場合には、損害賠償責任を負う可能性もあるため、撤去すべきでしょう。

解説

　水害で家の床下に流れ込んだ土砂には、瓦礫、木々、石、そして大量の水が含まれています。そのため、時間が経つと、カビ・異臭悪臭が発生する可能性があります。また、土砂の中には、多くの細菌も存在するため、感染症の原因にもなります。加えて、土砂を放置すると、家屋の土台が腐る等の被害が生じ、家屋が傷むことも考えられます。乾燥した後の土砂であっても、異臭悪臭・感染症の原因となることがあります。

　そのため、床下に土砂が流れ込んだ場合は、放置せず、できるだけ早く撤去すべきでしょう。

　私有地であっても、自治体が土砂の撤去を行ったり、撤去に要した費用を負担してくれる場合もあります。土砂撤去の際には、事前に自

治体に確認することが必要です。災害時には、ボランティアが撤去を
手伝ってくれることもあります。受付は社会福祉協議会やボランティ
アセンターに問い合わせしてください。

　近隣の住民から、土砂撤去を求められたとしても、相談者の家の床
下は私有地内ですから、土砂を撤去する義務は原則的にはないと考え
られます。もっとも、土砂を放置することによって、近隣の住民に被
害が生じた場合には、損害賠償責任を負う可能性があります。

　前記のような健康被害・建物被害の拡大も考えられますので、流れ
込んだ土砂は、できるだけ早く撤去する必要があると思われます。

4 土砂の撤去

 災害の後、現場への立入り制限が解除されず、ボランティアも入ることができないといわれています。土砂等の撤去のため、勝手に制限区域に入ってもよいでしょうか。

 災害対策基本法に基づく警戒区域として指定されて、立入りが禁止されている場合、勝手に入らないでください。違反者に対しては、罰金などの罰則もあります。

解説

　災害対策基本法により警戒区域として指定されたのでなくても、救助活動や二次災害の危険性などを理由に、避難勧告などが出され、立入り制限が行われる場合があります。このような場合に、勝手に制限区域内に入ると、最優先されるべき救助活動の妨げになる可能性、二次災害により被害を拡大させる等の可能性があるため、勝手に制限区域内に入らないでください。制限区域以外でもボランティアの力を必要としているところはたくさんあるはずですので、ボランティアセンターなどの情報をよく確認して、活動を行ってください。

　災害対策基本法63条1項により、市町村長には警戒区域を設定し、災害応急対策に従事する者以外の者に対して当該区域への立入りを制限し、若しくは禁止し、又は当該区域からの退去を命ずることができるとされています。違反者に対しては、災害対策基本法116条2号に基づき10万円以下の罰金又は拘留に処される可能性があります。

第1部・4 土砂の撤去

Q02 土砂災害が起きた場合、自宅などに流れ込んだ土砂は、誰が撤去することになりますか。

A 原則として土地所有者は流れ込んできた土砂や瓦礫の所有者に対して、その費用でこれらを撤去することを求めることができますが、トラブルを防止するために当該所有者とよく協議をすべきです。また、自治体が公費により撤去する場合もあります。

解説

　土地の所有者は物権的妨害排除請求として、自己の敷地内に流入してきた他人の所有物をその第三者の費用で撤去することを求めることができると考えられます。したがって、所有者が明らかな物についてはその所有者に対して撤去を求めることになります。

　一方で、土砂・瓦礫の所有者としては災害＝不可抗力による流出であるという考えも強いでしょうし、また、勝手に土砂や瓦礫を撤去・処分したということで自力救済としてかえって不法行為責任を追求される場合がありますので、不用意な対応は避けるべきです。

　したがって、後日紛争にならないように、所有者が判明しているのであればその所有者とよく協議をして対応すべきです。

　災害時には、自治体の公費による土砂・瓦礫撤去が可能な場合もあるので、確認すべきです。

　災害救助法が適用される大規模災害の場合には自治体が公費で瓦礫の撤去をすることがあります（災害救助法4条1項10号、同法施行令

97

２条）。ただ、災害救助法の救助の具体的運用を定めた「災害救助事務取扱要領（平成27年７月）」では、被災者の資力がある場合には対象者にしないとか、日常生活に支障がないと考えられる物置や倉庫からの土砂撤去はしないなどの様々な制約があり、中途半端な除去で、かえって復旧作業を阻害するなどの指摘もあります（兵庫県震災復興研究センター編『「災害救助法」徹底活用』クリエイツかもがわ107頁参照）。また、同じ公費撤去であっても、実際の例では、自治体ごとに撤去の範囲、方法について少しずつ異なることがありますので、それぞれの自治体によく確認していただくことが必要です。また、自治体に他の自治体の土砂等撤去に関する情報を提供するなどして、同様の施策の実施を求めることもよいと思います。

第1部・4　土砂の撤去

Q03 相談者の家は、高齢者しかおらず、自力では土砂を撤去できません。行政は土砂を撤去してくれないのですか。

A 原則として、行政は、私有地の土砂を撤去しません。しかしながら、災害救助法の適用がある大規模土砂災害の場合には、行政が私有地の土砂を撤去してくれる場合があります。

解説

　行政は、道路等については、土砂の撤去を行いますが、私有地については、原則として、土砂の撤去を行いません。
　しかしながら、災害救助法4条1項10号、同施行令2条2号には、「救助」の内容として、「災害によって住居又はその周辺に運ばれた土石、竹木等で、日常生活に著しい支障を及ぼしているものの除去」が定められており、災害救助法が適用された地域の自治体は、被災者を保護するために、私有地の土砂を撤去してすることが求められています。したがって、災害救助法の適用があるような大規模な土砂災害の場合には、例外的に、行政が、私有地の土砂を撤去してくれる場合があります。
　平成26年8月豪雨において災害救助法の適用があった広島市は、一定の要件を定めたうえで、私有地の土砂を撤去しました。また、平成30年7月豪雨においても、広島市をはじめ災害救助法の適用があった複数の自治体が、一定の要件を定めたうえで、私有地の土砂を撤去す

る制度を設けて、私有地の土砂の撤去をしています。

　自治体が私有地の土砂を撤去する場合であっても、自治体ごとに、必要な書類や申請期間等が異なることがあります。そのため、被災者を支援する弁護士としては、当該被災自治体のホームページ等で、行政が提供する情報を把握して、被災者に正確な情報を伝える必要があります。

　行政が私有地の土砂を撤去しない場合には、弁護士としては、被災者のニーズを災害ボランティアセンター等に伝えるなどの方法で、ボランティアに土砂を撤去してもらう方法が考えられます。

　なお、やむを得ずに私有地の土砂を業者に依頼して撤去した場合には、公的補助制度が利用できる場合があります（Ｑ２参照）。

第1部・4　土砂の撤去

被災直後に業者に依頼して、土砂を撤去しました。自分で支払った費用について、公的な補助はありますか。

原因となった災害や、自治体によっては、補助制度が定められている場合があります。

解説

　Q3等にもあるとおり、原則としては、私有地の土砂の撤去を行政は行いませんが、災害救助法の適用があるような大規模な土砂災害の場合には、自治体が撤去してくれる可能性があります。しかし、自治体が撤去してくれる場合であったとしても、撤去までには長期間かかることが多いため、個人が自己負担で撤去を実施していることも多いようです。

　このような場合、自治体によっては、住民の生命の保護及び負担の軽減を図ることを目的として、土砂災害により居住家屋等に土砂等が流入した場合において、土砂等を撤去する者に対して、費用の一部を補助する制度が条例・規則等で定められている場合があり、この場合は、その規則等に基づき補助金を申請することになります。

　また、そのような規則が定められていなくても、原因となった災害による被害の程度によって、自治体が個別の災害ごとに居住家屋等の土砂等の撤去費用について、補助金を交付することによって支援する制度を設けることもあります。

　これらの補助金を申請するためには、おおむね、①罹災証明書の写

101

し又は被災証明書の写し、②撤去費用の内訳・数量等の詳細記載の業者請求書及び領収書の写し、③撤去費用に係る範囲・数量等を示した付近見取図、平面図、断面図、④土砂等の撤去前後の状況が確認できる写真のなどを添付することが必要になるようです。

　自治体により、その他の要件や補助の範囲等は異なりますので、弁護士としては、行政が提供する情報について、逐一、自治体のホームページ等で確認し、補助制度の有無、補助制度がある場合には、必要書類や要件等について正確な情報を伝える必要があります。

　なお、環境省の災害等廃棄物処理事業の一環として、災害等廃棄物処理事業費補助金が市町村の申請に基づいて交付されることがありますが、この補助金は、環境省担当官及び財務省立会官による実地調査（災害査定）において、災害により「特に必要となった廃棄物の処理を行うために要する費用」と認められた費用に対して交付されるため、市町村が所有者等に対して支出する費用の全額が補助対象となるとは限りません。そのため、自治体としては、当該補助金が交付されるか否か不明であることから、土砂を自費で撤去した所有者等に対して補助金を交付するか否かを決めかねる事態も生じています。直接環境省に働きかけること等によって、環境省と自治体間での調整の結果、当該補助金の交付を受けることを前提に、自治体が宅地内へ流入した土砂等の撤去を行った者に費用償還制度を設けた例もあるようです。したがって、相談を受けた弁護士としては、補助金制度が設けられていない場合には、弁護士会として行政に働きかける等の活動も視野に入れる必要があります。

　また、農地・農業用施設の場合には別途補助金等の制度が整備されていますので、注意してください。

第1部・4　土砂の撤去

大雨で崩れた山の土砂が田んぼに流れ込んできました。撤去費用や復旧費用はどうなりますか。
(1) 土砂が誰の所有する山の土地から流れてきたのか、わかりません。
(2) 流れてきた土砂の山の土地の持ち主はわかりますが、遠方に住んでいるようです。

(1) 撤去費用・復旧費用は事実上、ご自身で負担されることになります。
(2) 撤去費用・復旧費用は流入元の土地の所有者が負担することになります。

解説

　自己所有地に流入した土砂は、所有権に基づく妨害排除請求として、流入先の土地の所有者は流入元土地の所有者に対して撤去を求めることができます。また、流入先土地所有者において自ら土砂を撤去した場合には、撤去費用・復旧費用を流入先の土地所有者に求めることができます。

　ただし、流入した土砂が誰の所有する土地から流れてきたのか不明である場合は、誰に対して土砂の撤去、費用負担を求めることができるかが不明となるため、事実上、流入先の土地所有者の費用負担において撤去・復旧をせざるを得ません。

　なお、災害救助法が適用されるような広範囲に被害が及ぶ大規模な

土砂災害の場合は、市町村が土砂の撤去をしてくれる可能性があります ので、自治体に確認していただく必要があります。

　例えば、平成30年7月豪雨では、環境省の通知により撤去費用の補 助が受けられるようになり、既に自力で撤去済みの場合であっても、 領収書や施行前後の写真等、必要書類をそろえて申請すると、事後的 であっても補助が受けられました。

　また、土砂流入元の所有者が遠方に住んでいる場合でも、同人に対 して土砂流入先の所有者が撤去を求めたり、撤去費用・復旧費用の負 担を求めたりできることは変わりません。早急に土砂流入元の所有者 に連絡をとり、土砂撤去について協議してください。

第1部・4 土砂の撤去

 私の田んぼに大量の土砂が流入しましたが、いつまでたっても土砂の撤去に来てもらえません。自治体は自宅や敷地などが優先だと言うのですが、やむを得ないのでしょうか。

A 原則として、居住地に流れ込んだ土砂の撤去が優先されますが、田の土砂の撤去が優先される場合や、田の土砂を取り除くボランティア活動が行われていることがありますので、被災地の自治体、ボランティアセンターや社会福祉協議会にお問い合わせください。

　また、国の費用で田の原形復旧をしてもらうことが可能な場合もありますので、あらかじめ被災状況を自治体に連絡しておくようにしてください。

解説

　災害の規模が大きく、災害救助法の適用がある場合には、行政が私有地の土砂を撤去してくれる場合がありますが、日常生活に著しい支障を及ぼしている土砂の撤去のために行われるものであるため、宅地に流入した土砂の撤去が優先されることになります。

　ただし、農地へ流入した土砂により、新たに生命・財産などに危害が及ぶ可能性がある場合には、緊急性が認められ、家屋や土地に優先して土砂の撤去作業が開始される可能性がありますので、自治体にその旨の申入れをすることが考えられます。

また、「農林水産業施設災害復旧事業費国庫補助の暫定措置に関する法律」に基づいて、国の費用で被災した田を原形復旧してもらえることもあります。これは、自治体が被災した田を把握し、その復旧に必要な補助金の交付を国に申請して行われるものです。そのため、田の被災状況を自治体に報告し、被災したことを把握してもらうことが必要です。

　なお、原形復旧の対象となるためには適切な維持管理が行われていることが前提となりますので、田の草刈や使用していないときの堰板の撤去など、可能な範囲での維持管理をしておくようにしてください。

　被災地では、行政による土砂撤去とは別に、土砂を取り除く作業をするボランティア活動が行われていることもあります。ボランティア活動をとりまとめている被災地のボランティアセンターや社会福祉協議会に連絡をし、協力を要請することが考えられます。

　このほか、用水路などが土砂で埋まっており、その後の降雨によって二次被害などが想定される場合には、その危険性がある旨を自治体やボランティアセンターに連絡し、個別に対応してもらうことも検討してみましょう。

5　所有不動産

台風被害で、家の権利証が流されてしまいました。権利はなくなるのでしょうか。

権利はなくなりません。

解説

　いわゆる権利証は、法律上は、「登記済証」といいます。また、平成17年の不動産登記法の改正によって、登記済証に代わって、登記識別情報通知書（12桁の記号及び番号）が発行されるようになりました。どちらも登記の申請人が登記名義人本人であることを確認するためのものであって、不動産の所有権そのものを表すものではありません。不動産の売買等をするときに、登記所に提供して、登記名義人本人による申請であることを登記官に確認してもらうためのものです。

　そのため、登記済証又は登記識別情報通知書を紛失しても、権利がなくなるということはありません。再発行・再通知はされませんので、大切に保管したいものですが、法律は、登記識別情報通知書による確認方法以外にも、権利者本人であることに間違いがないかどうかを確認する方法を定めています。登記官が本人限定受取郵便や書留により事前通知を行う方法、又は、資格者代理人（弁護士、司法書士等）が本人確認情報を提供して行う方法です。そのため、登記識別情報通知書等を紛失しても権利の譲渡等をすることができます。

なお、登記識別情報通知書等が盗まれた場合であっても、登記識別情報通知書あるいは登記済証のみでは登記ができません。電子証明書や印鑑証明書などが必要になります。また、失効の申出あるいは不正登記防止申出により、悪用を防ぐこともできます。

　そこで、本件のような場合、弁護士としては、相談者に対し権利証が流されて紛失しても権利はなくならないから安心してよいと説明することになります。

第1部・5　所有不動産

Q02 自宅が浸水したため、家具や家電など、大量の災害ごみがあります。どうすればよいですか。

A 災害の規模が大きい場合には、被災して使うことができなくなった家具や家電は、土砂や瓦礫などの災害ごみと一緒に回収してもらうことが考えられます。この場合は、災害ごみと一般のごみとを区別して回収するかどうかわかるようにしたうえで、自治体の環境局等のごみ回収を所轄している部署に連絡をする必要があります。

解説

廃棄物の処理及び清掃に関する法律（以下、「廃棄物処理法」という）では、一般廃棄物は自治体が処理することになっています。そして、一般廃棄物とは、産業廃棄物以外のことを指すので（廃棄物処理法2条2項）、一般家庭から出る廃棄物については、家電や家具も含めて一般廃棄物とされます。事業者から出た家電や家具も、廃棄物処理法上は一般廃棄物に該当するのが通常だと思われます。

廃棄物処理法では、家具や家電の災害ごみは、廃棄物処理法では一般廃棄物として取り扱われ、自治体が処理することになります。

平時では、家電リサイクル法対象品目については、個人がリサイクル料金と運搬料金を負担して処分してもらうのが通常です。また、家具などの大きなごみは大型ごみとして回収を有料にしている自治体があると思います（例：広島市）。これはリサイクル家電とは異なり、法律上の要請ではなく各自治体のごみ減量対策の一環などで行われて

109

いるものです。

　災害ごみとして、家具や家電を捨てる場合に、同じように回収費用等を支払う必要があるかについては、個人の費用負担なく回収される可能性があります。平成28年熊本地震、平成30年台風第7号及び前線等による豪雨災害においては、環境省と経済産業省が連名で、各都道府県廃棄物主管部に対して、「被災地ではがれき等の迅速な処理が最優先であることから、被災した家電リサイクル法対象品目については、災害廃棄物として他の廃棄物と一括で処理することもやむを得ない」「リサイクル料金は国庫補助の対象となる」と事務連絡を行っています。また、大型ごみに当たる家具については、平時はごみ減量対策や回収費用の負担軽減の観点から、ごみを捨てる個人に回収費用を負担させることが妥当するとしても、災害時にはその他の災害ごみと合わせて大量のごみを自治体が回収処理する必要があるため、平時において有料化している根拠が妥当しないでしょう。したがって、災害ごみとして費用負担なく回収されるべきでしょう。平成30年の西日本豪雨災害においては、広島市は大型ごみも家電リサイクル製品も災害ごみとして無料回収しています。もっとも、平成28年の熊本地震の際には、熊本市は個人負担を求めており、必ず無料回収されているとは限りません。

　各自治体の支援策について、ホームページをよく確認のうえ、適切なアドバイスをお願いします。

第1部・5　所有不動産

 土砂により近所の土地数十軒が、約1メートル縦横に移動しました。境界はどうなるのでしょうか。

 当事者間の話合いで解決できればよいですが、それでは解決できない場合には、調停、訴訟、筆界特定制度の利用が考えられます。

解説

　境界には、①私法上の境界（所有権の範囲を示すもの）と②公法上の境界（登記された一筆の土地の範囲を示すもの）とがあります。①と②は一致している場合が多いですが、概念上は全く別のものです。

1　私法上の境界について

　私法上の境界は、私人間の合意で決定できます。当事者間の話合いで解決できればよいですが、それでは解決できない場合には、調停、訴訟の利用が考えられます。

　調停の場合、簡易裁判所に対して、「所有権の範囲を確認する」民事調停の申立てをすることになります。

　訴訟の場合、所有権確認の訴えを提起することになりますが、後述の境界確定訴訟を併せた形で提起することもできます。

2　公法上の境界について

　公法上の境界は、私人間で勝手に取り決めることはできません。したがって、当事者間の合意や調停で決められる事柄ではありません。公法上の境界を決めるためには、筆界特定制度を利用するか、境界確

111

定訴訟を提起する必要があります。

筆界特定制度は、筆界特定登記官が、外部専門家である筆界調査委員の意見を踏まえて、土地の筆界（公法上の境界）の位置を特定する制度です。筆界特定制度は、土地の所有者として登記されている人やその相続人等が、対象となる土地の所在地を管轄する法務局又は地方法務局の筆界特定登記官に対して申請をすることにより利用できます。筆界特定の結果に納得することができないときは、後述の境界確定訴訟により争うこともできます。

境界確定訴訟は、通常の訴訟とは異なり、裁判所は当事者の主張に拘束されずに境界線を定めることができ、また、裁判所は原告の請求を棄却することができず必ず境界線を定めなければならない、という特質があります（形式的形成訴訟）。したがって、（自らの主張が通るかどうかは別にして）最終的には境界線が定まるというメリットがあります。

3 地表面の水平移動について

地震による地殻の変動に伴い広範囲にわたって地表面が水平移動した場合の登記の取扱いについての法務省の民事局長回答によれば、原則土地の筆界も相対的に移動したものとして取り扱うが、局部的な地表面の土砂の移動（崖崩れ等）の場合には、土地の筆界は移動しないものとして取り扱うとされています（平成7年3月29日民三第2589号）。当該事案においてどちらの取扱いに当たるかも検討する必要があります。

4 測量の費用について

当事者間の話合い、調停、訴訟、筆界特定制度のいずれの方法によるにしても、土地の現況を正確に把握するため、双方立会の下で測量を行い、測量図を作成することが必要になる場合が多いです。測量の

第1部・5　所有不動産

費用は、対象となる土地の面積にもよりますが、数十万円になること
も珍しくありません。民法224条ただし書に「測量の費用は、その土
地の広狭に応じて分担する」と規定されていますが、一般的には折半
又は測量を申し入れた方が全額負担する場合が多いようです（なお、
筆界特定制度の場合、測量費用は申請人の負担となります（不動産登
記法146条1項））。境界について争うか否かを決断する際には、測量
費用及びその負担が問題になりますので、あらかじめよく検討してお
く必要があります。

113

Q04 境界標が土砂で流されてしまいました。境界を確定するにはどうしたらよいでしょうか。

　まず、隣地の所有者と話し合ってください。話がまとまったときは、境界標を再び設置することができます。このとき、土地家屋調査士等の専門家にご相談することをお勧めします。双方の協議がまとまらないときは、境界を確定する手続を利用してください。主な手続として、①土地家屋調査士会が運営する境界問題相談センター（ADR）、②法務局が行う筆界特定制度、③裁判所の裁判手続などがあります。

解説

　境界標は、土地と土地の境界点を示す標識です。十字や矢印を刻んだプレートが一般的ですが、御影石やコンクリート、金属鋲などいろいろな種類があります。境界標は、私人の所有権の存在を確定するだけでなく、不動産登記制度の信頼の基礎になる大切なものです。したがって、永続性、不動性、視認性などが求められます。ところが、土砂災害等で境界標が流されてしまうことがあります。大きな地震でずれてしまうこともあります。正しく境界点を示す境界標がなくなってしまうと、土地の管理に支障を来すだけでなく、売買などを行うときにも障害になります。ですから、速やかに境界標を復元することが必要です。

第1部・5　所有不動産

　まずは、隣地の所有者との話合いです。双方の認識が一致し、特に問題がなければ、改めて境界標を設置・復元することができます。しかし、災害の後は境界の位置の手がかりさえ失われてしまう場合もあります。そんなときは、土地家屋調査士にご相談・ご依頼してください（土地家屋調査士法3条）。最近測量した境界であれば、GPS測量が利用されているので位置の再現が容易です。古い場合は、様々な地図や資料から境界の位置を突き止めることになります。境界標の設置費用は隣地所有者と折半するのが原則です（民法224条本文）。測量の費用は土地の面積に応じて負担するのが原則です（民法224条ただし書）。

　双方の意見が一致しない場合や、争いになってしまった場合には、第三者の関与する場に解決を持ち込むのが合理的です。代表的なものを3つ紹介します。1つ目は、各地の土地家屋調査士会が運営するADR（裁判外紛争解決手続）「境界問題相談センター」に申し立てることです（各地で名称は異なります。）。費用は各土地家屋調査士会にご確認ください。ここでは土地家屋調査士と弁護士が調停人となり、土地の境界を探り、双方の話合いをサポートします。

　2つ目は、筆界特定制度です（不動産登記法131条以下）。法務局等に所属する筆界特定登記官が、申請に基づいて、「筆界」を特定します。公的な信頼性は高いのですが、登記行政上の特定にすぎず、行政処分ではないため審査請求等の不服申立てはできません。不服があれば訴訟で争うほかありません。また私法的な強制力もないので、境界標を設置するには相手方の同意が必要です。申請手数料自体は比較的安価ですが、手続の中で測量が必要となった場合には測量費用の負担が生じます。

　3つ目は、裁判所の訴訟手続です。訴訟の種類としては「境界確定

115

訴訟」と「所有権確認訴訟」があり、前者は公法上の境界を、後者は私法上の境界を対象とするという点で本質的に異なります。境界確定訴訟は処分権主義、弁論主義が制限・排除されるという点に注意が必要です。なお、裁判所では民事調停手続による話合いの手続もあります。

　各手続には、手続に要する時間、効力、費用など、それぞれ特徴がありますので、境界標が流される前の状況や隣地の所有者との関係などに応じて適切な手続を選択することがポイントです。

第1部・5 所有不動産

 床下浸水しました。5年前に家を建てたメーカーに修理を頼んでも来てくれませんし、修理業者を紹介してもくれません。どうすればよいでしょうか。

A 住宅の「半壊」の場合には災害救助法の応急修理（同法4条1項6号）の制度がありますが、床下浸水の場合、他に被害がなければ、住宅の「半壊」にはならないので、応急修理は利用できません。

仮に住宅の「半壊」と判断される場合には、災害救助法の「応急修理」として、被災した住宅の日常生活に必要な最小限度の部分を応急的に修理してもらえます（ただし、資力要件があります）。

ただし、自治体にあらかじめ相談してから修理する必要があるうえ、災害救助法に基づく応急仮設住宅（民間賃貸住宅の借上げを含む）を利用する場合には、応急修理を利用することはできません。

解説 ─────────────────────

住宅の「半壊」の場合には災害救助法の応急修理（同法4条1項6号）の制度がありますが、床下浸水の場合、他に被害がなければ、住宅の「半壊」にはならないので、応急修理は利用できません。災害後には災害に便乗した悪質な業者が増えますので、見知らぬ無料点検や

117

訪問セールスは断りましょう。信頼できる業者に依頼するようにしてください。火災保険の適用がある場合には、保険会社が修理業者の紹介をすることもあるようですので、保険会社や保険代理店に相談するのも1つの方法だと思われます。

　仮に住宅の「半壊」と判断される場合には、災害救助法の「応急修理」（同法4条1項6号）として、被災した住宅の日常生活に必要な最小限度の部分を応急的に修理してもらえます。応急修理は、自治体が業者に委託して実施されますが、「自らの資力では応急修理をすることができない者」が要件となっており、資力要件があります。なお、大規模半壊以上の世帯については、資力要件はありません（災害救助法による救助の程度、方法及び期間並びに実費弁償の基準（平成25年内閣府告示第228号）7条1号）。

　応急修理については、自治体が修理業者を指定していて、修理後に自治体に申請しても適用されない場合があるので注意してください。あらかじめ自治体に相談してから修理することが必要となります。

　また、災害救助法に基づく応急仮設住宅（民間賃貸住宅の借上げを含む）を利用する場合には、応急修理を利用することはできませんので、注意が必要です。

第1部・5　所有不動産

洪水で床下浸水したところ、無料で検査をするという業者にみてもらったら、修理に50万円が必要と言われました。修理してもらって、大丈夫でしょうか。

大規模な災害後は、災害予防に便乗してもうけてやろうともくろむ悪質な業者が増えてきます。点検商法、危険商法などと呼ばれています。見知らぬ業者の無料点検の申出や訪問セールスはきっぱりと断りましょう。

解説

仮に、無料点検をしてもらった結果、「このままでは危険です。修理が必要です」などと言われても、安易に契約してしまうことのないように注意しましょう。業者には必ず身分証明書を提示させて、所属や身分、名前を確認したうえ、1人で決めてしまうのではなくご家族や親しい人と相談しましょう。もし契約してしまった場合も、いわゆる訪問販売に当たりますので、特定商取引に関する法律に基づき、8日以内であればクーリング・オフ（契約の申込みの撤回又は契約の解除）の余地があります（同法9条1項）。また、業者から顧客である契約者に交付すべき書面等についても、法令で決められていますので、不備があれば8日を徒過していてもクーリング・オフの余地があります。さらに、仮に業者の「このままでは危ない」との説明が事実と異なっており、その結果「誤認」が生じて契約してしまった場合などに

も、クーリング・オフ期間に関係なく契約の取消しが可能ですので（同法9条の3第1項）、あきらめないようにしましょう。ぜひ消費生活センターや弁護士などの専門家に相談してみてください。

　ところで、床下浸水の場合であっても、仮に住宅の「半壊」の判定を受けた場合には、災害救助法の応急修理（同法4条1項6号）の制度の利用が考えられます。災害救助法に基づく住宅の応急修理は、災害により住宅が半壊し、自ら修理する資力のない世帯に対して、被災した住宅の居室、台所、トイレ等日常生活に必要な最小限度の部分を応急的に修理するに際して支援する制度です。修理限度額は1世帯当たり58万4千円（平成30年度基準）となっています。同じ住宅に2以上の世帯が同居している場合は1世帯とみなされます。

　「半壊」と判定されるには、原則として市町村発行の罹災証明書が必要ですが、被災台帳等により被害状況が確認できればその方法でもよいとされています。応急修理の制度については、資力要件（大規模半壊以上の世帯については、資力要件はありません）や自治体の委託業者を通じて行う必要があるなど細かく手続が定められていますので、自治体が設置している相談窓口でご相談ください。そもそも応急修理の制度を利用することができるのか、被災者生活再建支援制度など他の公的支援制度の利用との関係などについて確認してみる必要があります。

　いずれにしても床下浸水の後、自宅を点検してもらいたいと考えた場合、とにかく信頼できる業者に相談してみることが重要です。火災保険の適用がある場合であれば、保険会社が点検してくれたり、修理業者を紹介してくれたりすることもありますので、保険会社や保険代理店に相談してみるのもよいでしょう。

第1部・5 所有不動産

Q07 全壊した自宅を撤去してくれる業者を見つけたので、依頼しようと思っています。注意することはありますか。

A 大規模災害が発生すると、点検商法、便乗商法など災害に関連した消費者トラブルが発生する傾向にありますので、騙されないように慎重に行動することが必要です。

解説

　大規模災害が発生すると、点検商法、便乗商法など災害に関連した消費者トラブルが発生する傾向にあります。

　まず、契約をする際には強引な勧誘を受けても事業者の説明を鵜呑みにしてその場で契約しないようにしてください。複数の事業者から相見積りを取り、周囲の人に相談して、工事の金額や内容を慎重に検討したうえで契約するようにしてください。

　既に契約をしてしまった後で、不当に高額な代金を請求された場合には、訪問販売や電話勧誘販売については、特定商取引に関する法律に基づき、法定の書面を受け取ってから8日間はクーリング・オフが可能です。クーリング・オフの行使期間の起算日は、法定の書面が適切に交付された日であり、そもそも書面が交付されていなかったり、記載事項に不備があった場合には改めて適正な書面が交付されない限り、いつでもクーリング・オフを行うことができます。

　さらに、クーリング・オフ期間が経過してからであっても、事業者

が勧誘時に工事の内容や対価などについて不実告知（事実と違うことを告げる行為）や事実不告知（故意に事実を告げない行為）を行っていたときは、契約の申込みやその承諾の意思表示の取消しが可能となる場合があります（訪問販売について特定商取引に関する法律9条の3、電話勧誘販売について同法24条の3、消費者契約法4条1項1号）。

クーリング・オフを行った場合、既に撤去工事が終わっていても代金を支払う必要はありません。

いずれの場合でも、個別の事情によって対処の仕方が異なりますので、事業者の対応に不審を抱いたら速やかに消費者生活センター（消費者ホットライン「188」番）や弁護士会などに相談してください。

第1部・5　所有不動産

床下の修理業者と契約しましたが、高額すぎるようなので、取消しをしたいと思っています。何か方法はありますか。

まずクーリング・オフを検討しましょう。事実と違う説明があった場合などは消費者契約法に基づく契約の取消しができます。

解説

　大災害の後、悪徳業者が被災者に不当に高額の代金を請求する被害が相次いでいます。修理業者が訪問してきて、被災者が登れない屋根に上がったり、床下にもぐったりして、修理が必要だと強調して契約締結に誘導します。後で契約書をみると、思いもよらない高額の費用が記載されているというケースです。消費生活センターに寄せられた相談は、熊本地震では1か月に1092件、西日本豪雨災害では2か月に575件にのぼり、その中にはかなり悪質な高額修理被害も含まれていました。

　まず検討すべき方法はクーリング・オフです。修理業者が訪問してきて契約した場合で、書面交付から8日以内であれば、クーリング・オフができます（特定商取引に関する法律9条）。クーリング・オフは理由を言う必要はありませんが、後日の紛争を避けるために何らかの書面で出すようにしましょう。ポイントを5つ挙げておきます。①書面は8日以内に発信すればよく業者への到着日が基準ではありません。②たとえ修理が終わっていても（役務提供完了後も）クーリン

123

グ・オフできます。③もし業者が「この工事はクーリング・オフの適用外です」とか「修理後は解除できません」などと妨害行為をしたときは8日経過してもクーリング・オフできます。④クーリング・オフのことを記載した書面の交付があったときからカウントされますので、見積書しか出ていない場合は8日経過してもクーリング・オフできます。書面に不備がある場合も同様です。⑤こちら側が営業（事業者）であったり、こちら側があえて業者を自宅に呼んで契約をさせたり、3000円未満の現金取引など、一定の除外ケースは対象外となります。

　次に検討すべき方法は、消費者を保護する特別法に基づく契約の取消しです。業者の勧誘時に、「基礎がダメになっています」とか「絶対にカビが生えない方法があります」などと虚偽の説明があって被災者がそれを誤認して契約した場合は取消しができます（特定商取引に関する法律9条の3）。また、重要事項について事実と異なることを述べたり、将来の不確実な事項について断定的判断を提供したり、「帰ってください」と言っても帰らないといった事情がある場合にも、取消しができます（消費者契約法4条）。なお、消費者契約法の取消権は、問題に気付いたとき（「追認をすることができる時」）から1年で時効消滅します。契約時から5年経ったときも同様です。

　もちろん、詐欺や強迫による取消し（民法96条）も可能です（この場合の消滅時効は追認可能時から5年。行為時から20年も同様）。錯誤による無効も主張できます（改正前民法95条）。

　こうした被害は、高齢者や判断能力が乏しい方に集中します。「被害状況を調べています」などとアンケートや点検を装って近づく例も多発しています。典型的な二次被害なので、弁護士会等から積極的に注意を呼びかけることと、交渉能力の格差を埋めるために積極的な個別の支援が必要と思われます。

第1部・5　所有不動産

 2年前に、土地・建物を購入しました。建物を囲うブロックが崩れ、売主が費用を負担し、修繕してくれました。残りのブロックも崩れそうで怖いので、同様に売主に修繕してほしいのですが請求できるでしょうか。

A 修理自体を請求することは難しいですが、ブロックが崩れそうな原因等によっては修繕費を請求できることがあります。なお、平成29年改正民法（令和2年4月1日施行）では、修理自体の請求も認められるようになりました。

解説

　相談者が土地・建物を購入しており、所有権が相談者にありますので、売主が任意に修繕に応じる場合は別として、法的に修繕を請求することは難しいと思われます。

　もっとも、ブロックが崩れそうになっている原因が売買契約のときに既にあった欠陥（瑕疵）に基づくものであり、それが通常の取引上の注意では発見できないもの（隠れた瑕疵）であり、買主自身売買契約の時にわからなかったものならば、瑕疵を知ってから1年間は売主に損害賠償（修繕費）を請求することができます（改正前民法570条瑕疵担保責任に基づく損害賠償請求）。その際には、残りのブロックが本当に崩れそうなのか、それが隠れた瑕疵に基づくものか、その欠

125

陥（瑕疵）は売買契約時に買主にわからなかったものなのか、売買契約書に記載されている瑕疵担保責任の追及期間はいつまでかといった点が問題になります。実際に修繕費を請求する場合はこれらの点について検討する必要があります。

　なお、平成29年改正民法では、買主の保護が強化されました。そこでは、契約の内容に適合するかどうかが問題となり、「隠れた」かどうかは問われません。また、買主は期間内に「請求」しなければならなかったのが、契約内容に適合しないことの「通知」で足りるようになりました。

　平成29年改正民法によれば、本件ではそもそもブロックが契約の内容に適合しないものならば、買主は契約内容に不適合であることを知った時から1年以内にその旨を通知した場合は、追完請求（修理）や損害賠償請求をすることができます。なお、売主が引渡し時に契約不適合を知り、又は重過失により知らなかった場合は、その限りではありません。また、平成29年改正民法の適用については、経過措置に注意してください。

第1部・5　所有不動産

2年前に住宅（土地・建物）を購入しました。最近になって、購入当時、土砂災害警戒区域に指定されていたことを知りました。売主や仲介業者に何らかの責任追及できるのでしょうか。

説明義務違反による損害賠償請求や事案によっては解除・無効・取消しの主張が考えられます。

解説

1　土砂災害警戒区域とは

　土砂災害警戒区域（通称：イエローゾーン）とは、急傾斜地の崩壊等が発生した場合に住民等の生命又は身体に危害が生ずるおそれがあると認められる区域であり、危険の周知や警戒避難体制の整備などが行われます。指定要件や手続等は土砂災害防止法や同法施行令で定められています（土砂災害防止法7条、同法施行令2条等）。

2　仲介業者（売主側、買主側）に対しての責任追及

　仲介を行う宅建業者（宅地建物取引業者）は、売買契約を締結するまでに、重要事項説明書を契約の相手方に交付して説明しなければなりません（宅地建物取引業法35条1項）。この重要事項説明の内容には、「土砂災害警戒区域内にあるときは、その旨」が含まれるため（宅地建物取引業法施行規則16条の4の3）、仲介業者である宅建業者には土砂災害警戒区域に指定されていることについて説明義務があります。

　したがって、本件で、購入当時、土砂災害警戒区域に指定されてい

127

ることについて、仲介業者から説明がなかったり、重要事項説明書に記載がない場合で、土砂災害警戒区域内であれば売買価格は低かったはずといった事情がある場合、その差額を損害として、買主は仲介業者に対し、説明義務違反の債務不履行又は不法行為による損害賠償を請求することが考えられます。

3 売主に対しての責任追及

(1) 説明義務違反による損害賠償請求

土砂災害区域に指定された土地かどうかということは、住宅購入を決断する際の重要な事項であり、購入当時、土砂災害警戒区域に指定されていることについて、説明がなかった場合、買主は売主に対し、説明義務違反による損害賠償請求をすることが考えられます。

その場合、売主が①宅建業者の場合は、前記2記載の宅地建物取引業法上の重要事項説明義務及び信義誠実の原則（宅地建物取引業法31条1項）、情報提供義務（消費者契約法3条1項）並びに信義誠実の原則（民法1条）により、②宅建業者でないが、消費者契約法上の事業者の場合は、情報提供義務（消費者契約法3条1項）及び信義誠実の原則（民法1条）により、③売主が宅建業者でも事業者でもない場合、信義誠実の原則（民法1条）により説明義務が認められる場合があります。

したがって、本件で、購入当時、土砂災害警戒区域に指定されていることについて、売主から説明がなかったり、重要事項説明書に記載がない場合で、土砂災害警戒区域内であれば売買価格は低かったはずといった事情がある場合、その差額を損害として、買主は売主に対し、説明義務違反の債務不履行又は不法行為による損害賠償を請求することが考えられます。

(2) 瑕疵担保責任、解除・無効・取消し

第1部・5　所有不動産

　土砂災害警戒区域に指定されても、警戒避難体制を整備する区域にとどまり、建築物の構造の規制がなされるわけではありません。

　そのため、事案にもよりますが、購入当時、買主が土地の安全性や土砂災害警戒区域か否かにつき、強い関心を示し、売主がそれを認識していたといった特別な事情がない限り、債務不履行による売買契約の解除、瑕疵担保責任（解除・損害賠償請求）は、通常、認められません。

　また、前記のような特別な事情がある状況で、売主が土砂災害警戒区域外であると虚偽の説明をしたり、あえて告知しなかったような場合には、錯誤による契約の無効（改正前民法95条）や、詐欺又は事実誤認による契約の取消し（民法96条1項、消費者契約法4条1項）の主張も考えられます。

　なお、瑕疵担保責任は、売主買主間で、責任を免除したり、限定するような特約がある場合もありますので、売買契約書をご確認ください。

　責任追及する際は、知ってから1年以内といった期間制限があったり、平成29年民法改正（令和2年4月1日施行）により、要件・効果の変更がある場合もありますのでご確認ください。

129

Q11 今まで雨漏りはなかったのですが、5月に屋根の塗装工事をしたところ、施工が不十分で、台風により雨漏りが発生しました。施工業者に損害賠償を請求できるでしょうか。

　原則として民法の規定などに基づき、施工業者に修理を求めることができますし、修理の代わりに、あるいは修理とともに損害賠償の請求が可能です。

解説

　施工が不十分であったことが原因で雨漏りが発生したわけですから、施工業者の工事に瑕疵があったと評価することができます。したがって、改正前民法634条2項に基づき、瑕疵の修補（修理）に代えて、又はその修補とともに損害賠償請求でき、施工業者との請負契約に同様の規定があれば、契約に基づいて請求することも可能です。この民法の規定に基づく損害賠償の範囲には履行利益（契約が完全に履行されたならば得られた利益）も含まれますので、例えば雨漏りにより室内の物品が壊れるなどした場合にはその損害も含めて賠償請求できます。もっとも、雨漏りが、発注者が提供した材料や発注者の施工指示の問題によって生じ、施工業者がその問題を知らなかった場合には、損害賠償請求はできません（改正前民法636条）。

　また、ここでの損害賠償請求権と施工業者の請負代金請求権はいわゆる同時履行の関係に立ちますので（改正前民法634条2項、533条）、損害賠償がなされるまで施工業者からの請求を拒めますし、発注者側

第1部・5　所有不動産

から損害賠償請求権と請負代金請求権との相殺を主張し、相殺後の残額のみを支払うこともできます（最判昭和53・9・21裁判集民125号85頁〔27404945〕）。

　ただし、損害賠償の請求は、工事の種類に応じて、工事の終了や引渡しから1年、5年などの除斥期間内に行う必要があります（改正前民法637条1項、638条1項）。また、この期間は施工業者との工事請負契約約款で1年、2年などに変更されている場合もありますので注意してください。

　平成29年民法改正により、民法634条2項は削除されましたが、修理を求めたり、損害賠償請求を求めたりすることができなくなったわけではありません。改正民法559条により、売買の規定（改正民法562条以下）が準用されるため、改正民法562条1項に基づき、契約の内容に適合しないとして、修理を求めることができますし、改正民法415条に基づき損害賠償を請求することも可能です。さらに、まだ請負代金を支払っていなかった場合には、相当の期間を定めて修理を求めても応じてくれないなどの場合には、代金の減額を請求することもできます（改正民法563条参照）。ただし、不適合を知ったときから1年以内にその旨の通知をしなかったときにはこれらの請求をすることはできなくなることに注意が必要です（改正民法637条1項）。なお、民法638条は平成29年民法改正により削除されましたので、かかる通知をした後の権利行使の期間制限については、一般の消滅時効の規定に服することになります（改正民法166条1項）。

131

Q12 台風の影響で倒れた電柱が当たり、屋根が壊れてしまいました。誰が補償するのでしょうか。損害賠償請求できないでしょうか。

A 自然災害で電柱が倒れ、屋根が壊れた場合、電力会社などの電柱の管理会社（所有者）は、補償を行っていないようです。そのため、法律の規定を検討する必要があります。

土地の工作物の設置又は保存に「瑕疵」があることによって他人に損害を生じたときは、第一次的にその工作物の占有者に、占有者に注意義務違反がない場合には所有者に、賠償する責任があります（民法717条１項）。これは無過失責任です。したがって、設置又は保存の瑕疵の立証ができれば、電力会社に対する損害賠償が認められます。

そして、自然災害による場合には、通常発生することが予測可能であったかが問題となり、不可抗力といえるものであった場合には、瑕疵には当たりません。

ただし、この点に関する明確な基準が法律上設けられているわけではなく、どの程度の自然災害が不可抗力に当たるかについては、自然災害の回数、頻度、規模、程度、地質、地形、強度などの諸要素を考慮して、個別具体的に判断されます。

132

また、過去の災害経験の積み重ねや、将来の災害発生予測に関する知見の進展などに伴い、この判断が変化する可能性もあるため、過去に同様の自然災害で否定されたとしても、なおも設置又は保存に瑕疵があるとして、損害賠償が可能なケースはあり得ると考えられます。

解説

　自然災害のうち地震によるものの場合、通常発生することが予測可能な震度は5であり、それを超える震度6以上の地震であった可能性が十分考えられる場合には、瑕疵の立証がない（すなわち不可抗力である）ものとして、責任が否定された裁判例があります（仙台地判昭和56・5・8判時1007号30頁〔27423674〕、仙台地判平成4・4・8判時1446号98頁〔27812012〕参照）。

　しかしながら、東北地方太平洋沖地震（東日本大震災）による東京都千代田区内（首都圏で最大震度6強、東京23区内においても震度5強）の電気温水器配管断裂・漏水事故について、東京地判平成25・2・12平成23年（ワ）24044号公刊物未登載〔28232470〕は、被告の「専ら想定を超えた巨大かつ希有な地震」であるとの主張を排斥し、当時、首都圏で震度6強の地震が発生し得ることは想定されていたとして、本件配管については、通常備えるべき安全性を欠いた保存上の瑕疵があると認定しています。このため、現在では、震度6の地震によるものであるとしても、直ちに不可抗力と判断されるわけではありません。

　地震以外の自然災害による場合にも、様々な要因の考慮により、設置又は保存の瑕疵の有無が判断されることになります。すなわち、台

風の影響で電柱が倒れたという場合にも、立証は必ずしも容易ではないですが、電力会社などの電柱の管理会社に損害賠償責任を負わせることができる場合はあり得ます（台風による屋根瓦飛散事故に関する福岡高判昭和55・7・31判時992号71頁〔27423529〕参照。なお、最近の判例では、イベント会場設置の大型テントが突風により飛散した来場者死亡事故において、予測できなかったとして瑕疵を否定するものがあります。名古屋地判平成27・2・19判時2269号75頁〔28232398〕）。

第1部・5　所有不動産

土砂流入によって、相談者の所有する建物の構造に影響があったようです。建物の安全性について、相談する場所などはないでしょうか。

被災建物の安全性に関する相談は、建築士のいる相談窓口を案内しましょう。

解説

　被災建物の構造に関わる安全性に関する相談は、建築士の領域です。

　各地の建築士会等で、無料相談を行っていることがありますので、各地の建築士会等に問い合わせるよう相談者に案内してください。なお、支援する弁護士としては、相談窓口につなぐ場合には、相談会の日程を把握し、相談者を誘導する等、交通整理をし、相談者をたらい回しにすることがないように留意しましょう。

　平成26年8月の広島市豪雨災害では、発災直後の時期に、区役所内の相談窓口に建築士が待機し、無料相談を受け付けていました。このように、発災直後は、行政の窓口にも、建築士が待機していることもありますので、支援をする弁護士としては、正確な情報を被災者に伝えるため、各自治体の窓口に問い合わせをして、内容を把握しておきましょう。

　広島市豪雨災害や、平成30年7月豪雨災害、北海道胆振東部地震などの災害において、専門士業が連携する広島県災害復興支援士業連絡会が、ワンストップの多士業相談会を実施したり、専門家を派遣したりして、支援を行いました。建築士が被災現場に行き、被災建物の状

況を確認するという対応をとったケースもあります。協力してくれる建築士との日ごろからの連携も大切です。

　このほか、住宅総合保険等に加入している場合には、保険の査定の関係で、保険会社の調査員が建物の状況を判定することがあります。今後も住み続けることができるのか、という建物の構造に関わる安全性についても審査する場合があります。詳しくは、相談者に対し、加入している保険会社に問い合わせることを勧めてみましょう。

第1部・5　所有不動産

川があふれて洪水になり、流されてきた他人所有の車がぶつかって、自宅の壁が壊れました。損害賠償請求できますか。

難しいことが多いと考えられます。

解説

　洪水によって車両が流出することは、車両所有者にとっては予想外の天災によるものですので、壁の損壊について車両所有者に責任（過失）を問うことは難しいことが多いでしょう。

　もっとも、堤防等の公の造営物の設置管理の瑕疵によって洪水が発生した場合には、国又は公共団体に対し、国家賠償法（同法2条～6条）に基づく損害賠償請求をすることが考えられます。しかし、自然災害に基づく洪水の発生について、公の営造物の設置管理の瑕疵が認められるケースは少ないのが現状です。

　車両が敷地内に残されたままの場合、物権的請求権たる妨害排除請求権に基づいて、車両所有者の負担において片付けてもらうことになりますが、不可抗力の場合には物権的請求権が発生しないと判断した大審院時代の古い判例があります。

　また、公費による撤去が行われる可能性があることにも留意する必要があります。

　東日本大震災などの過去の災害では、流出した自動車の多くを「外形上から判断して、その効用をなさない状態にある」と判断し、各市区町村が実施する廃棄物処理法に基づく災害廃棄物の処理の一環として、公費で車両の撤去を実施しました。

> **Q15** 洪水で浸水した工場が爆発して、隣にあった自宅が壊れました。損害賠償請求できますか。

 工場に対する責任追及としては、不法行為責任（民法709条）に基づく請求が考えられますが、特に、爆発の原因が工場（土地工作物）の設置、保存の瑕疵にある場合は、工作物責任（民法717条）に基づく請求も考えられます。

解説

　本件は、洪水に派生して浸水による工場爆発が起こっており、いわゆる二次災害ということができます。

　まずは、工場に対し、一般の不法行為責任を追及することが考えられます。例えば、工場内に置かれていたものが爆発の原因となった場合等が考えられます。過失責任を問うには、洪水による浸水で工場が爆発することが予見し得たかどうか、及び結果を回避し得たかどうかを検討することになります。予見可能性については、①その地域の過去の洪水の有無や被害の程度、②過去の洪水の報道、防災対策の状況、③本件洪水時の科学的知見の有無と内容（洪水に関わる知見、及び爆発の原因に関わる知見）、④本件洪水発生時の情報の有無と伝達内容、伝達状況、等の諸要素を検討することになります。

　予見可能となれば、結果を回避し得たかどうかを検討することになります。その場合、①特に爆発の原因となり得る危険物を取り扱っている施設では、二次災害が発生しないように、日ごろから適切な措置

第1部・5　所有不動産

（対策）を講じておくことができたかどうか、②本件洪水時に工場が確保し得た情報の有無とその内容を吟味し、求められる行動が選択できたかどうか、行動を選択した結果爆発が回避できたかどうか等を検討することになります。

　爆発の原因として工場（土地工作物）の設置、保存に瑕疵が認められる場合は、一般の不法行為責任に加え、工作物責任を追及することが考えられます。例えば、漏電が原因となった爆発の場合、これに該当する可能性はあります。「瑕疵」とはそのものが通常有すべき安全性を欠いている状態をいい、これは客観的に存在すれば足り、占有者や所有者の故意過失は問題になりません。なお、瑕疵がないというのは、一般に予想される程度の洪水に対しては安全性を備えていることを意味し、全くもって予想できない程度の洪水に対して備えていなくとも、瑕疵があるとはいえないと思われます（不可抗力）。一般に予想される程度の洪水かどうかは、その地域の過去の洪水の有無や規模と比較して検討することになると考えられます。「地域」には、地質・地形の検討も含まれます。また、建物の通常有すべき安全性とは、建物の構造、設置状況、各種法規への適合性、用途から通常予想される危険とその防止のための施設、その他の諸般の事情を総合的に考慮して判断することになると考えられます。

139

Q16

山林の土地を相続しました。遠方に住んでいるため、手入れなどはしていませんでした。下の土地の方から、大雨でその山の土地が崩れたから、直してほしいと言われました。数百万円はかかるようです。土地を手放すことはできないのでしょうか。

A

自治体や国への寄付や所有権放棄が考えられますが、いずれも難しいです。寄付で受け取ってくれるような第三者がいない場合、土地を手放すことは難しいです。

解説

　自治体や国に対する寄付ですが、土地を所有すると管理をしなければいけなくなり、コストが発生しますので、自治体や国は、無償の寄付であっても、道路やその他行政目的での利用価値が認められるといった場合なければ土地を寄付で受け取ることはありません。

　民法は、所有者のいない不動産は国の所有に属すると規定していますので（同法239条2項）、自らの持つ所有権の放棄が認められるのであれば、無主となった不動産の所有者は国になるはずです。

　しかし、価値の乏しい土地を所有権放棄し、国に対して登記を引き取るように求めた訴訟の判決において、土地の所有権放棄について、「財産的価値の乏しい本件各土地について、その管理に係る多額の経

第1部・5　所有不動産

済的負担を余儀なくされることとなるものであることを併せ考慮すれば、本件各土地の負担ないし責任を被告に押し付けようとするものに他ならず、不動産の所有者に認められる権利の本来の目的を逸脱し、社会の倫理観念に反する不当な結果をもたらすものであると評価せざるを得ないのであって、権利濫用に当たり許されない」と判断されていますので、所有権放棄が認められない可能性があります（松江地判平成28・5・23訟務月報62巻10号1671頁〔28244091〕）。

　以上より、自治体や国への寄付や、所有権の放棄の形で手放すことは難しいといえますので、相続で取得した後であれば、自ら土地の取得を希望する第三者を探すしか方法ありません。

　なお、本設問の状況とは異なりますが、相続で取得する前であれば、相続人全員が相続放棄をすることで、管理の義務を負わないことは可能です。相続が発生し、遺産の中に遠方の土地が含まれる場合については、相続により取得するか否かについて、慎重に検討すべきといえます。

　また、本設問に対する直接の回答ではありませんが、仮に土地を手放すことができたとしても、既に発生してしまった自己所有地の土砂が他人の土地に流入してしまったことでの法的責任（土砂撤去等）を回避することはできないことも注意しなければいけません。

Q17 自宅が住宅の建築等が禁止される、災害危険区域に建っていたことがわかりました。自宅を購入した際、不動産会社からはそのような説明はありませんでした。損害賠償請求できますか。他の場所に引越しをする場合、援助金などがありますか。

 不動産会社に対しては、損害賠償の請求することができますが、引越しをする際の援助金を受け取ることは難しいでしょう。

解説

　災害危険区域とは、津波、高潮、出水等による危険の著しい地域について、地方公共団体が条例で指定するもの（建築基準法39条1項）で、東日本大震災の被災地等、過去に災害によって被害を受けた土地で再び災害による被害を受ける危険が著しい土地について指定されることが多いです。災害危険区域に指定されると、居住用建築物の新築の禁止や増改築（リフォーム）の禁止等の制限が併せて条例で定められます（同条2項）。このように、災害危険区域に指定されたときに既に建築されていた居住用建築物（既存不適格建築物）について直ちに撤去が求められるわけではありませんが、増改築をすることも、新たに居住用建築物を建築することもできなくなります（居住用ではない建築物を建築することはできます）から、災害危険区域に指定された土地は居住用としては無価値となり、不動産の経済的価値は下がってしまいます。そのため、宅地建物取引業者は、対象物件が災害危

142

第１部・5　所有不動産

区域内である旨を記載した重要事項説明書を交付して、説明をしなければいけません（宅地建物取引業法35条１項14号）。

　本設問のケースのように自宅を購入する際に不動産会社から災害危険区域である旨の説明がなかった場合には、増改築等ができず、居住用土地としては無価値となることから、売買の目的物に隠れた瑕疵があったとして、改正前民法570条に基づき損害賠償の請求あるいは契約の解除を求めることができるでしょう。ただし、権利行使には１年間の期間制限がある点に注意が必要です（改正前民法564条）。また、不動産業者が全国宅地建物取引業保証協会又は不動産保証協会に加入されている場合には、弁済業務保証金により損害をてん補することも可能です（宅地建物取引業法64条の８）。

　平成29年民法改正によって民法570条は削除されましたが、改正民法415条に基づく損害賠償請求や、改正民法542条に基づく契約の解除をすることもできると考えられます（改正民法564条参照）。また、売買代金の支払がなされていない場合には代金減額請求をすることも考えられます（改正民法563条）。ただし、災害危険区域に指定されていることを知ったときから１年以内にその旨を通知しないときにはこれらの権利を行使することができなくなる点にご注意ください（改正民法566条）。なお、改正前民法においては、瑕疵担保責任（改正前民法570条）と錯誤無効（改正前民法95条）の関係という論点があり、錯誤無効についても１年の期間制限を受けるとの立場が通説であるとされていましたが、この点は改正によっても同様ではないかと考えられます。

　ところで、災害危険区域において、特に住民の居住に適当でないと認められる区域については、地方公共団体は、住民の集団移転を促す移転促進区域として指定することができます。移転促進区域に指定さ

143

れていた場合は、移転費用の補助を受けることができますが、本設問のような災害危険区域に指定された後に自宅を購入された場合には援助を受けることは難しいでしょう。

第1部・5　所有不動産

川があふれて洪水になり、自宅が浸水しました。川があふれた原因は、上流のダムが水を放流したからという話があります。損害賠償請求できますか。

土地の工作物の設置又は保存の瑕疵の立証ができれば、設置者である電力会社等に対する損害賠償請求が認められる可能性があります。

解説

　集中豪雨が発生した場合、河川の洪水を防ぐために、局地的な出水はダム貯水池に一時的に溜められますが、貯水位が洪水時最高水位を超えることが予測される場合、ダム操作規則の規定により、貯水位に応じてゲートを操作し、放流量を流入量まで増加させる操作が行われることがあります。これを異常洪水時防災操作といいます。このときの放流により、下流域の住民や財産に被害が生じる場合があり、損害賠償請求が問題となります。

　民法717条の土地工作物の設置又は保存の瑕疵とは、工作物の設計、建築又はその維持、管理に不完全あるいは不十分な点があり、工作物が通常有すべき安全性を欠いていることをいいます。そして、この安全性については、当該工作物の構造、用法、場所的環境、利用状況等諸般の事情を総合考慮して、具体的、個別的に判断されることになります。

　この点、大阪地判平成8・5・31判タ929号121頁〔28020190〕は、

平成2年9月の台風19号に伴う集中豪雨の際、和歌山県の日置川に設置された利水ダムの下流域で氾濫し、田畑や家屋の浸水被害が生じた案件につき、ダム操作に誤りがあったとする下流域住民の訴えを斥け、設置者（電力会社）及び河川管理者（県）の責任を認めませんでした。その理由としては、①利水ダム設置者には積極的に洪水を防止する義務はなく、ダム設置前の河川の機能を維持するという消極的な義務しか負っていないこと、②操作規定に沿った操作が行われたこと、③本件では設計洪水流量を下回る流入量しかなくダムが通常有すべき安全性を欠いているとはいえないこと、④警報装置に故障があったとはいえ、町の防災無線を利用する等して周知を図ったことなどが挙げられました。

　この他の事例としては、大阪地判昭和63・7・13訟務月報35巻7号1149頁〔27804541〕（ダムの緊急放流により釣人が被災した事案。ダムのような人為的営造物は河川と異なり、その設置管理により生じた人身事故においては危険除去に要する時間、費用などの制約のみによって直ちに損害賠償を逃れる理由とはなし得ないとして、放流量の増加が貯水池への流入量の増加率よりも大きい急激なものであった点や、河川法48条の警告義務が不十分であったことなどから、国家賠償法2条に基づく国の責任を是認）、広島地判平成3・12・19判時1408号22頁〔27811197〕（ダム操作の瑕疵を否定）などがあります。

　なお、ダムの放流を問題とする事案ではありませんが、最近の判例として、福島地会津若松支判平成30・3・26平成26年（ワ）75号公刊物未登載〔28261656〕があります。平成23年7月の新潟・福島豪雨に伴う只見川の洪水により被害を受けた住民らが、川に設置されたダム（利水ダム）等を管理する電力会社等に対して損害賠償を求めた事案であり、住民らは、ダム調整池（貯水池）の河床の堆砂を取り除く義

146

第1部・5　所有不動産

務を怠ったなどと主張しました。判決では、電力会社が浚渫（水底の
土砂などをさらって取り除くこと）の義務を履行しなかったと認定し
つつも、仮に浚渫による水位の低下があったとしても、本件洪水によ
る浸水被害を受けなかったものと認めることはできないとして、注意
義務違反と被害との間の因果関係を否定しました。

Q19 河川の氾濫で石垣が流出しました。管理者に責任を問えるのでしょうか。

 河川管理の瑕疵については、「過渡的安全性」という考え方を基に、国賠法上の違法性が具体的に判断されます。

解説

　いわゆる多摩川水害訴訟最高裁判決（最判平成2・12・13民集44巻9号1186頁〔27807571〕）では、第1部－7－Q3で指摘した基準によって、河川管理の瑕疵の有無を判断すべきとされました。これは、河川管理に関しては、改修、整備の過程に対応した安全性をもって足りるとする過渡的安全性の論理を是認したうえで、本件水害の特殊性を具体的に考慮して判断すべきであるとしたものです（住民側逆転敗訴の二審判決を破棄差戻し、差戻審にて瑕疵があると認定されました）。

　国家賠償法2条1項にいう営造物の設置又は管理の瑕疵とは、営造物が通常有すべき安全性を欠き、他人に危害を及ぼす危険性のある状態をいいます。ただし、河川は本来自然発生的な公共用物であり、当初から通常有すべき安全性を有するものとして管理が開始されるものではなく、治水事業を経て、逐次その安全性を高めていくことが予定されているものであるため、「過渡的安全性」という考え方を裁判所では採用しています（大東水害訴訟最高裁判決、最判昭和59・1・26民集38巻2号53頁〔27000025〕）。ただし、前記多摩川水害訴訟判決では、改修、整備が終わった場合（工事実施基本計画が策定されて、こ

第1部・5　所有不動産

れに準拠して改修、整備がなされたり、新規の改修、整備の必要がないものとされたりした場合）には、通常予測される災害の発生を防止するに足りる安全性を備えるべきであるとして、河川管理の瑕疵が認められ得るとしたものです。

このように、具体的な事例においては、（堰堤、堤防、護岸等の設置管理の瑕疵ではなく）河川自体の管理責任が認められる場合があります。ただし、最近の事例（荒崎水害訴訟控訴審判決、名古屋高判平成25・9・25平成21年（ネ）342号裁判所ウェブサイト掲載判例〔28213148〕）では、洗堰から越流した河川において、改修計画に基づく改修、整備の段階に対応する安全性を備えており、河川管理の瑕疵があるとはいえないとして、住民側の控訴請求を棄却しています。

149

6　借地・借家

台風の影響で借りている家の一部が崩壊しました。修繕は家主負担となるのでしょうか。また台風の影響で、畳・建具が損壊したときはどうなりますか。

家の修繕は、原則として、家主負担となります。また、畳・建具に関しても、同様と考えます。

なお、平成29年の民法改正で、修繕義務に関する改正がなされています。

解説

　賃貸人は、賃貸物の使用、収益に必要な修繕をする義務を負うこととされています（民法606条1項）。

　賃貸人が修繕義務を負うのは、賃貸物の修繕が、必要かつ可能である場合に限られます。

　修繕の必要性は、借家の使用収益に修繕が必要か否かで判断されることになります。この点、修繕の必要性を厳格に解して、居住に著しい支障がない場合に修繕義務を認めない、という判例もあります（最判昭和38・11・28民集17巻11号1477頁〔27001975〕）が、学説では通常の使用に支障を生じる場合には修繕義務を認めるべきとするのが一般的です。

　また、修繕可能というのは、技術的に可能というだけではなく、経

第1部・6　借地・借家

済的に可能であることを要します。この点、修復が通常の費用では不可能か否かを考慮して、建物全体が滅失したと判断した判例があります（最判昭和42・6・22民集21巻6号1468頁〔27001068〕）。

　なお、本問は台風の影響による一部崩壊なので、あまり問題にならないかもしれませんが、賃借人の責めに帰すべき事由により修繕が必要になった場合にも家主が修繕義務を負うか否かについては、争いがありました。この点、改正民法606条1項ただし書により、この場合、家主は修繕義務を負わないことが明文化されました。

　賃貸人が修繕義務を履行しない場合には、借家人は、債務不履行により損害賠償を請求したり（民法415条）、賃貸借契約を解除（民法541条）したりすることができます。

　また、①賃借人が賃貸人に修繕が必要である旨を通知し、又は賃貸人がその旨を知ったにもかかわらず、賃貸人が相当の期間内に必要な修繕をしないとき、又は②急迫の事情があるときは、賃借人が修繕することができます（改正民法607条の2）。この場合、賃借人は、修繕費を必要費として家主に償還請求することができます（民法608条1項）。

　賃借物の一部が滅失して使用収益できなくなった場合において、賃借人に帰責事由がないときは、賃料は、その使用収益をすることができなくなった部分の割合に応じて減額されます（改正民法611条1項）。旧法では賃料減額請求ができることとされていましたが、改正により、請求がなくても当然に減額されることとなりました。

　さらに、残存する部分のみでは賃借人が賃借をした目的を達することができないときは、賃借人は、契約の解除をすることができます（改正民法611条2項）。この条項の改正は、賃借人に帰責事由がある場合にも、賃借人が解除できるようにするためのものです。

151

以上に対し、賃貸借契約上、修繕義務を賃借人が負う旨の特約がなされる場合があります。このような特約も有効であり、その場合、例外として、家主は修繕義務を免れることになりますが、さらに、この特約により、賃借人が修繕する義務を負うか否かが問題になります。この点、賃借人に修繕義務を負わせることも許されるとする裁判例もあります（最判昭和29・6・25民集8巻6号1224頁〔27003157〕）。特約の解釈については、事例ごとに、建物の構造、賃貸借の目的、特約以外の契約条項、慣習等、総合的に判断する必要がありますが、一般的には、賃借人に修繕義務を負わせるものではないと解すべき場合が多いと思われます（最判昭和43・1・25判時513号33頁〔27403128〕）。

　以上、家の一部崩壊について述べましたが、畳・建具も賃貸物の一部ですので、畳・建具の損壊の場合も同様に解すべきと考えられます。

第1部・6　借地・借家

台風の影響で借りている建物が全壊した場合、家の賃貸借契約はどうなるのでしょうか。土地の賃貸借契約はどうなるのでしょうか。

賃借している建物が滅失した場合、建物賃貸借契約は終了します。借地上の建物が滅失しても土地賃貸借契約は当然には終了しません。

解説

　賃借している建物が全壊した場合、家主としては、借主を住まわせることができなくなるので、建物賃貸借契約は終了します。建物の滅失とは、損壊の程度が大きく、建物としての効用を失った状態をいいます。滅失したか否かの基準として明確なものはありませんが、損壊の程度に加えて、風雨をしのげるか否か、倒壊の危険の有無、耐用年数からみて修復と新築のどちらが経済的かといった事情を総合的に検討して判断されます。

　これに対して、借地契約の場合は建物が滅失しても土地賃貸借契約は当然には終了しません。この点は、現行の借地借家法7、8条及び旧借地法7条を参照してください。また、建物が全壊した場合には借地権は消滅するとの特約も無効であると理解されています。

台風により建物の一部が損壊した状態になってしまったのですが、賃料を全部支払わなければならないでしょうか。

 損傷の程度によっては、賃料の減額を請求することができます。

解説

建物の損傷によって、建物の一部が滅失した場合、その割合に応じて、賃料の減額を請求することができます（民法611条1項）。

賃貸人は、建物の一部が滅失し、建物が使用及び収益できないときは、使用及び収益に必要な修繕をする義務を負います。

賃料減額請求権は、修繕請求権と両立する権利とされており、賃借人は、賃貸人に修繕を求めつつ、修繕が終了するまでの間の家賃の減額を求めることが可能です。

なお、震災により賃借建物が滅失に至らないまでも損壊して修繕されず、使用収益ができなくなった場合には、公平の見地から、民法536条1項を類推適用して、賃借人はそれ以後の賃料の支払義務を負わないとした裁判例が存在します（大阪高判平成9・12・4判夕992号129頁〔28040778〕）。

もっとも、賃借人と協議することなく一方的に家賃を減額した場合、賃貸人からは、賃料の不払などを理由とした契約解除が求められる等、他の紛争を誘発する可能性があります。「滅失」の有無やその割合は、必ずしも一義的に定まるものではないことから、話合いによる解決が

第1部・6　借地・借家

望ましいといえます。協議がまとまらない場合には、裁判所の民事調
停、弁護士会のADR等による解決が考えられます。

　なお、残存部分のみでは賃借人が賃借をした目的を達することがで
きないときは、賃借人は賃貸借契約を解除することができます（民法
612条2項）。

Q04 店舗内に土砂、雨水が流入してしまいました。家主に修繕を求めることができるでしょうか。

契約内容によりますが、原則として、家主に修繕を求めることができます。

解説

　賃貸人は、損傷の原因が災害などの不可抗力の場合であっても、修繕義務を負うものとされています（民法606条1項）。

　ただし、土砂の撤去等については、災害救助法の適用があるような大規模な土砂崩れの場合、「災害によって住居又はその周辺に運ばれた土石、竹木等で、日常生活に著しい支障を及ぼしているものの除去」は救助対象になりますので、住居と店舗が一体となっているようなときには、市町村や県が費用負担して土砂等の撤去をしてくれる場合があります。

　また、瓦礫等が混じっている場合には、環境省による撤去費用の事後精算が認められるケースもあるので注意が必要です。

　ところで、賃貸人に修繕義務を課している民法の規定は、いわゆる任意規定とされており、賃貸借契約上の特約によって賃借人に修繕義務を課している場合も少なくありません。しかし、かかる特約が存在する場合でも、本件のような不可抗力による損傷の場合（すなわち、およそ一般的に予見することが困難な災害であって、賃借人に故意過失がない場合）における、賃借人に修繕義務を課すことの可否は、裁判所によって判断が分かれる可能性があります。

第1部・6　借地・借家

　原状回復に関する裁判例ですが、賃貸借契約に「賃借人は、故意過失を問わず、物件の損耗・汚損等の損害について、賃貸人に対し賠償すべき義務を負う」と条項があったケースにおいて、「帰責事由の有無を問わず賠償責任を負うべき旨を定めたものであるとするならば、その限度で本件賠償特約の効力は否定されるべきである」と判断しています（名古屋地判平成2・10・19判時1375号117頁〔27808279〕）。

　特に、賃借人が消費者契約法における「消費者」に該当するケースでは、消費者契約法の趣旨をも念頭に、民法の原則を変更する特約の効力がどこまで及ぶかについて慎重に検討する必要があります。

　なお、賃貸人と賃借人との間で、修繕費用について合意が成立しない場合には、弁護士会の災害ADRなどを活用し、解決を目指すことも有益な選択肢と考えられます。

157

借りていた建物の1階が浸水したため賃貸人から退去を求められています。応じなければならないでしょうか。

 直ちには立退きに応じる必要はありません。

解説 ————————————————

　賃貸人には、修繕義務が課されているため（民法606条1項）、賃貸人が修繕義務を果たさないままに賃借人に退去を求めることはできません。

　もっとも、技術的に修繕不能な状況になっている場合には、履行不能によって賃貸借契約が終了することになります。技術的に修繕が可能な場合でも、「経済的不能」として賃貸人の修繕義務が免除されることもあり得ますが、新たに立て直す程度の莫大な費用を要する場合に限られるとされています。

　また、履行不能にまでは至っていなくても、損傷の程度によっては、賃貸人による更新拒絶等の「正当事由」（借地借家法28条）の一要素として考慮されることも考えられます。

　しかし、履行不能な程度に損傷しているか、あるいは、借地借家法上の「正当事由」が具備される状況に至っているかを判断するためには、建築専門家の調査などに基づいて、建物の状況を正確に把握することが必要です。

　賃借人としては、賃貸人に対し、修繕義務の履行を求めるとともに、

第1部・6　借地・借家

建物の状況に関する専門家による調査結果を示すように求めることが
考えられます。

　なお、賃貸人から修繕工事を行うための一時退去を求められた場合
には、賃借人は拒むことはできません（民法606条2項）。

159

7　その他の不動産

 里道（いわゆる赤線道路）に落石があり、通れません。撤去してもらうにはどうすればよいでしょうか。

 市町村に落石の撤去について問い合わせてみてください。

解説

　里道は、道路法による道路に認定されていないいわゆる認定外道路のうち、旧土地台帳附属地図（いわゆる公図）上赤線で表示されているものであり、地番も付されず、登記もされていないものです。里道は、国有財産と推認されてきましたが、平成12年4月1日に施行された地方分権一括法により、現に機能を有しているものについては、平成17年3月末までに市町村へ譲与（無償譲渡）され、機能を喪失したものについては、平成17年4月以降国において直接管理を行うこととされました。したがって、現在、機能を有する里道は市町村が管理していることになります。市町村に落石を撤去してもらえないか、問い合わせてみてください。

　また、災害の規模が大きく、災害救助法の適用がある場合には、同法4条1項10号、同法施行令2条2号によって「災害によって住居又はその周辺に運ばれた土石、竹木等で、日常生活に著しい支障を及ぼしているものの除去」が救助の内容として定められていますので、市町村が撤去してくれる場合があります。同じく、市町村に問い合わせてみてください。

Q02 沢の復旧、治水工事について誰に頼めばよいでしょうか。

河川の種類によって、沢の復旧、治水工事の依頼先が異なります。

解説

　河川は、公共用物であって、その保全、利用その他の管理は、適正に行われなければならない（河川法2条1項）とされています。河川の管理について、河川法は河川区分によって管理者を定めています。

　一級河川の管理は原則として国土交通大臣（同法9条1項）ですが、都道府県知事に委託されている場合もあります（指定区間）。二級河川の管理は都道府県知事（同法10条）、準用河川（一級河川及び二級河川以外の河川で市町村長が指定したもの）の管理は市町村長（同法100条1項）です。そして、一級河川、二級河川、準用河川のいずれでもない河川（普通河川）については、条例により市町村長や地方公共団体が管理している場合が多いです。

　したがって、沢の復旧、治水工事の依頼先については、一級河川の指定区間以外の区間であれば、国土交通省水管理・国土保全局、一級河川の指定区間及び二級河川であれば、都道府県の河川を管理している部署（東京都であれば建設局）、準用河川であれば、市町村の河川を管理している部署（横浜市であれば道路局）、普通河川であれば、市長村又は地方公共団体の河川を管理している部署に問い合わせる必要があります。

本設問における、「沢」とは、主に山間部における細い川、短い川の通称で使われることが多く、そのほとんどが準用河川又は普通河川と思われますが、河川管理者標識などで平時より確認しておくとよいでしょう。

第1部・7 その他の不動産

 河川の設置、管理が不十分であった場合、責任追及ができるでしょうか。また、どのような請求が可能でしょうか。

 河川の設置、管理に瑕疵があると認められれば、損害賠償請求することは可能です。

解説

　河川（河川施設）の設置、管理が不十分であった場合、国家賠償法2条1項に基づく損害賠償請求の追及が問題となります。すなわち、河川が国家賠償法2条1項の「公の営造物」に該当し、かつ、その「設置、管理の瑕疵」が認められる場合には、河川の管理者に対して、賠償請求が認められるものです。

　この点で、「河川」の「設置、管理の瑕疵」が問題とされた多摩川水害訴訟の最高裁判所判決は、「河川の改修、整備がされた後に水害発生の危険の予測が可能となつた場合における河川管理の瑕疵の有無は、過去に発生した水害の規模、発生の頻度、発生原因、被害の性質、降雨状況、流域の地形その他の自然的条件、土地の利用状況その他の社会的条件、改修を要する緊急性の有無及びその程度等諸般の事情並びに河川管理における財政的、技術的、社会的諸制約をその事業に即して考慮した上、右危険の予測が可能となつた時点から当該水害発生時までに、右危険に対する対策を講じなかつたことが河川管理の瑕疵に該当するかどうかによつて、判断すべきである」としています（最判平成2・12・13民集44巻9号1186頁〔27807571〕）。

163

河川の「設置、管理の瑕疵」があると認められれば、国家賠償法に基づく損害賠償請求が可能ですが、立証責任は原告にありますので、瑕疵が認められるには、立証が困難な場合が多いと考えられます。

　なお、河川施設の管理者である国、自治体は、「保全、利用その他の管理」を「適正に行わなければならない」とされています（河川法２条１項）ので、担当部局に情報提供をするとともに、安全対策を進めるよう要請してみるとよいと考えられます。

　なお、本問に関する文献として、「公の営造物に関する国家賠償」の判例については宇賀克也『国家補償法』有斐閣（1997年）を、また、土砂災害の現行法制については同「総合的土砂災害対策の充実に向けて」『行政法学の未来に向けて―阿部泰隆先生古希記念』有斐閣（2012年）273頁、下村英嗣「自然災害と行政的対応」法学教室419号（2015年）40頁を参照してください。

8 保険

Q01 火災保険に入っていますが、浸水による被害でも保険金は下りるのでしょうか。
また、自動車が水没した場合には、自動車保険（車両保険）は使えるのでしょうか。

A 浸水被害の原因が地震による場合、火災保険の特約である地震保険に加入していない限りは、火災保険金は下りません。自動車保険（車両保険）も地震が原因の場合には使えないことが多いですが、特約によって使えることもありますので、契約内容を確認する必要があります。

他方、浸水被害の原因が台風による場合は、保険契約の内容によって火災保険金が下りることがありますので、契約内容を確認する必要があります。自動車保険（車両保険）は使うことができるのが一般的です。

解説

1 火災保険

浸水被害（土砂災害も含みます）の原因と火災保険の種類（契約内容）によって結論が異なります。

まず、浸水被害の原因が地震による場合（地震による河川堤防の決

壊や津波など）には、火災保険は免責となりますので保険金は下りません。別途、地震保険に加入していることが必要です。これに対して、浸水被害の原因が台風による場合（大量の雨水による排水機能不全や河川堤防の決壊、地盤崩壊による土砂災害など）には、火災保険の種類（契約内容）によりますが、最近の火災保険は保険金が下りるものが多いですので、弁護士としては契約内容（約款）を確認するよう相談者を促してください。

2　自動車保険（車両保険）

　浸水被害の原因によって結論が異なることは火災保険と同様です。

　まず、浸水被害の原因が地震による場合には、自動車保険（車両保険）は免責となるのが一般的です。ただし、特約（各社により名称は異なりますが、「地震・噴火・津波車両損害特約」など）を契約している場合には、これによって保険金が下りる場合がありますので、弁護士としては契約内容（約款）を確認するよう相談者を促してください。

　これに対して、浸水被害の原因が台風による場合、自動車保険（車両保険）は使うことができるのが一般的です。

第1部・8　保険

借家が浸水しました。家財保険には入っていましたが、保険金は出ますか。

借家が浸水して家財が損傷したときは、借家人賠償責任保険で保険金が下りる可能性は高いです。

解説

　借家人が借家に加入する保険は、一般に借家人賠償責任保険（借家人賠償責任補償）と呼ばれています。借家人賠償責任保険は、①火災や漏水で借家人が借家を損傷し、家主に損害を負わせた場合に、保険金でその損害を補償するのを目的としています。つまり、借家人賠償責任保険は、家主の財産を守るという側面があります。建物を賃借する際に、借家人賠償責任保険に加入するように家主から求められることがあるのはこのためです。

　一方、借家人賠償責任保険は、②借家人本人の家財に保険をかけて、その家財が損傷したときに、借家人が保険金を受け取る、という補償も内容としています。つまり、借家人賠償責任保険は、借家人本人の家財を守るという側面も有しています。

　よって、借家が浸水して家財が損傷したときは、借家人賠償責任保険で保険金が下りる可能性は高いです。ここで「可能性は高い」と述べたのは、洪水による浸水被害は補償しないとする保険が存在するからです。つまり、同じ台風による浸水であっても、台風の雨風で浸水した場合は、保険金が支払われますが、台風により洪水が発生して浸水した場合は、保険金が支払われないのです。したがって、保険金が

支払われるか、加入中の保険の約款をご確認ください。お手元に保険約款の冊子がない場合は、保険会社のホームページやお客様センターに電話をして補償内容を確認することができます。

第1部・8　保険

店の商品が浸水しました。火災保険による保障はあるのでしょうか。

火災保険によって浸水した商品も保障の対象となりますが、契約内容を確認する必要があります。

解説

　火災保険は、店の商品も保障の対象となることが一般的です。ただし、保険会社が販売している火災保険の保障内容は、保険商品や契約内容によって様々なので、早めに保険会社に問い合わせるようにしてください。保険の名称が「火災保険」と明記されていないことも多いので、保険金請求できる保険契約がないかという点も確認するようにしてください。

　また、保険金請求の際には、保険会社による損害の確認が必要となることから、浸水した商品を片付けたり処分したりする際には、事前に保険会社へ相談することが重要です。

　なお、貴金属や骨とう品、美術品などの高価品については、保険契約時に保険証券へ明記されていなければ保障の対象外となることがありますので、この点の確認も必要です。

台風の被害で自宅の屋根が壊れてしまいました。保険の査定を依頼したのですが、査定金額に納得ができません。この保険の査定金額について争うことができるのでしょうか。

 場合によっては、争うことができます。

解説

　保険の査定金額は、保険契約における一方当事者である保険会社が査定する金額ですので、納得できなければ争うことができます。

　保険契約者が保険会社に損害保険金を請求すると、保険会社は損害調査を行い、損害区分を判定し、損害金額の査定を行います。

　建物の損害区分として、主要構造部の損害額がその建物の保険価額の50％以上である損害を「全損」、40％以上50％未満である損害を「大半損」、20％以上40％未満の損害を「小半損」、3％以上20％未満である損害を「一部損」とする4類型があります。

　そして、支払われるべき保険金額は、火災保険の商品や契約内容により補償内容が異なりますが、一般的には、対象物が修理可能な場合はその修理費用、修理不可能な場合（物理的に修理不可能な場合、又は修理費用が対象物の時価額を上回る場合のいずれか）には、保険契約に従って、火災保険の保険金額を限度に、対象物の新価（再調達価格限度額）又は時価額となります。

　査定金額を争う場合、損害区分と時価額の評価が納得できないとい

う場合が考えられます。損害区分の判断に納得ができない場合には、保険会社に再立会による損害調査を求めることができます。これにより、慎重に損害調査を実施してもらい、損害区分を再度判定してもらうことができます。その結果、より上位に該当すると変更されることもあります。時価額の評価を争う場合、業者などの見積書や建築士の意見書を提出することが考えられます。

　保険会社が判断した損害区分や時価額に納得ができない場合には、話合いによる解決手段として、簡易裁判所の調停手続のほか、一般社団法人日本損害保険協会の「そんぽＡＤＲセンター」の紛争解決手続を利用することもできます。この手続では、専門的な知識・実務経験を有する中立公正な第三者が、当事者双方から提出された資料のほか、第三者の専門家の意見を踏まえ、和解案を提案するなどし、解決を図ります。このような話合いの手続で解決できない場合には、訴訟手続により解決することになります。

　いずれの手続で争うとしても、建物の損壊箇所の写真を撮影しておくことに加え、対象物が修理可能な場合には、修理費用の見積書を取得してもらい、保険会社の査定による修理内容との差異について業者や建築士から助言をもらうとよいでしょう。また、対象物が修理不可能な場合には、再調達価格の調査が必要となります。その場合、取得当時の建築請負契約書、図面、見積書、領収証などを参考に業者などに見積書を作成してもらうとよいでしょう。

台風が原因で起きた事故に賠償責任保険が下りるのでしょうか。

 損害賠償責任の有無と保険の契約内容によって結論が異なりますので、両面からの検討が必要です。

解説

　台風が原因で起きる事故としては、例えば、強風によって店舗の看板や家屋の屋根瓦が脱落する等によって他人の身体・財産に損害を与えることが考えられます。これらの場合に賠償責任保険が下りるかどうかについては、損害賠償責任の有無と保険の契約内容の両面から検討する必要があります。

　まず、損害賠償責任の有無について述べます。

　基本的には、台風が原因で起きる事故は不可抗力によって生じた事故でしょうから、法律上の損害賠償責任が発生しない場合がほとんどと考えられます。もっとも、台風の襲来が見込まれる際に、損害の予見や回避が通常可能であったにもかかわらず、他人の身体・財産に損害を与えた場合、法律上の損害賠償責任が発生する可能性があります。例えば、植木鉢を不安定な場所に置いており、安全な場所に移動させることなく放置していたら台風で飛ばされ、隣家に損害を与えたような場合が考えられます。

　また、他人に損害を与えた物が土地の工作物（建物の一部など）である場合は、工作物の占有者や所有者に法律上の損害賠償責任が発生

第1部・8　保険

することがあります。例えば、自宅の建物の瓦が台風により飛ばされ、隣家に損害を与えたような場合が考えられます。

　民法717条1項では、「土地の工作物の設置又は保存に瑕疵があることによって他人に損害を生じたときは、その工作物の占有者は、被害者に対してその損害を賠償する責任を負う。ただし、占有者が損害の発生を防止するのに必要な注意をしたときは、所有者がその損害を賠償しなければならない。」とされています（なお、「瑕疵」とは「欠陥」くらいの意味と考えてください）。つまり、工作物の占有者が損害の発生を防止するのに必要な注意をしなかったときは工作物の占有者が、占有者が注意をしたときは工作物の所有者が損害賠償責任を負います。瓦が飛ばされた例でいうと、止め金や漆喰で固定するなどして瓦の固定について占有者が必要な備えをしていたかどうかによって、損害賠償責任を負うべき者が変わることになります。

　次に、保険の契約内容について述べます。

　前記によって損害賠償責任が発生しない場合は、そもそも賠償責任保険を使う必要はありません。しかし、不幸にも損害賠償責任が発生する場合は、賠償責任保険が下りるかどうかを検討することになります。

　この点は、加入している保険が台風による損害の賠償責任をカバーする内容かどうかの問題になります。これをカバーする保険の代表的なものとして、火災保険に特約として契約できる個人賠償責任特約が考えられます。この特約が台風による損害賠償責任をカバーする内容となっていれば、保険金が下りることになります。また、火災保険の特約としてではなく、単体の個人賠償責任保険も販売されており、これが台風による損害賠償責任をカバーする内容となっている場合も保険金が下りることになります。

173

ただし、実際に保険金の支払がされるかどうかは、その損害の実態を保険会社が確認して判断することになります。具体的な損害について保険金が下りるかどうかについては、保険の契約内容の解釈、免責事項に該当するか否かなど複雑な判断が必要となる場合がありますので、迷った場合、保険会社や保険代理店、あるいは弁護士など法律専門家に相談するよう相談者に促すとよいでしょう。

第1部・8 保険

 台風で流された後回収した自動車が動かなくなってしまいました。保険金はもらえますか。また、自動車の廃車手続はどうするのでしょうか。

 車両保険に入っていれば保険金が支払われると思われます。

自動車の廃車には様々な書類等が必要とされるのが原則ですが、大規模災害のときは特例が認められることがあります。

解説

1 自動車保険の適用

地震や津波の場合とは異なり、水害・土砂災害の場合は、車両保険に入っていれば保険金が支払われると思われます。加入している保険会社に問い合わせて確認するよう促してください。

2 自動車の廃車手続

自動車を廃車する場合、ナンバープレート・自動車検査証（車検証）・印鑑登録証明書・実印・罹災証明書・戸籍謄本等といった書類が必要になります（軽自動車の場合もほぼ同じ）。これらをもって現住所（使用の本拠）を管轄する運輸支局で手続をすることになります。もっとも、自動車のローンが残っている場合については、通常、当該自動車の所有者は他にいますので、使用者が廃車手続を進めることはできません（所有者と連絡をとって、廃車の手続を進めてもらうことになります）。

175

ただ、東日本大震災の際は、津波に流され自動車が見つからないことが多く発生したことから、各地方運輸局等や軽自動車検査協会事務所等においては、特例としてこれらの書類がなくても、本人確認のうえ、廃車手続を受け付けたところもありました。そのため、豪雨災害の場合においても同様の取扱いがされる可能性がありますので、相談者に対し、最寄りの地方運輸局や軽自動車検査協会事務所に確認するよう案内してください。

3　自動車保険の中断手続

自動車を廃車にする際には、自動車保険の中断手続をとっておくと、将来自動車保険に再加入する際に、中断前の等級を引き継いで契約することができます。中断前の等級を引き継ぐことができると、保険料が安くなることがあります。

自動車保険の中断手続をとる場合には、加入している保険会社に問い合わせて中断証明書の発行を受けてください。

9 ローン・リース

Q01 いわゆる住宅の二重ローン問題対策について教えてください。

A 「自然災害による被災者の債務整理に関するガイドライン」を利用することにより、自然災害の影響によって債務を返済できなくなった人は債務の減免を受けることができます。

―― 解説 ――

1 自然災害債務整理ガイドラインの概要

「自然災害による被災者の債務整理に関するガイドライン」（以下、「自然災害債務整理ガイドライン」という）は、自然災害により債務を返済できなくなった人がその債務の減免を受けられる制度です。「被災ローン減免制度」とも呼ばれています。典型的には、災害により自宅建物が全壊して住宅ローンが残ってしまった人が、その住宅ローンの減免を受ける場合が想定されています。破産のような法的整理ではなく、任意整理の一種です。

被災者のいわゆる「二重ローン問題」（住宅ローンを借りている個人や事業性資金を借りている個人事業主が、これらの既往債務を抱えたままでは再スタートが困難であるという問題）は、阪神・淡路大震災のときにも問題になりましたが、東日本大震災のときにも顕在化しました。その解決のために、東日本大震災については、「個人債務者

の私的整理に関するガイドライン」（以下、「私的整理ガイドライン」という）という制度がつくられました。自然災害債務整理ガイドラインは、この私的整理ガイドラインを恒久化したものといえ、2016年4月1日から運用が開始されました。

自然災害債務整理ガイドラインは、金融機関や学識経験者らで構成された「自然災害による被災者の債務整理に関するガイドライン研究会」により策定されたもので、自然災害により被災した個人債務者の債務整理に関する金融機関等の自主的自律的な準則です。

自然災害債務整理ガイドラインは、①2015年9月2日以降に発生した災害救助法適用の自然災害を対象として、②この自然災害の影響によって、③当該自然災害発生以前の債務について④支払不能等になった⑤個人債務者が利用でき、⑥債権者と債務者の合意に基づき、⑦債務の全部又は一部を減免する準則を定めたものであり、⑧債務者の生活や事業の再建の支援、ひいては被災地の復興を目的とするものです。⑨被災前から支払不能であった場合は対象ではなく、また、⑩法人は利用できません。

2　自然災害債務整理ガイドラインのメリット

自然災害債務整理ガイドラインのメリットとしては、以下の4点が挙げられます。

まず、(1)自然災害債務整理ガイドラインを利用しても信用情報登録機関に事故情報として登録されず、破産手続等とは異なり信用情報に傷がつきません。したがって、自然災害債務整理ガイドラインを利用した被災者は、債務を減免された後、再びローンを組んで自宅を再築することができ、それにより被災地の復興が図られます。

(2)自由財産としては、500万円以内の現預金に加えて、被災者生活再建支援金、災害弔慰金等を手元に残して債務の減免が受けられます。

第1部・9　ローン・リース

被災者の生活再建のため、通常の破産手続の自由財産枠99万円よりも広い範囲で自由財産が認められます。

(3)保証債務の履行が、原則として免除されます。ですから、被災者が、「利用すると保証人に迷惑をかけるのではないか」という心配をすることなく、自然災害債務整理ガイドラインを利用することが期待されています。

また、(4)自然災害債務整理ガイドラインによる債務整理は、弁護士等の登録支援専門家が被災者の手続支援をしますが、その弁護士等の費用は自然災害債務整理ガイドラインの運営機関から支払われます。被災者は、無償で登録支援専門家の支援を得られるので、自身の負担で代理人弁護士を依頼せずとも手続を進めることができます。

このように、自然災害債務整理ガイドラインによる債務整理は、破産手続等の法的手続よりも被災者にとってメリットが大きいです。ですから、被災者の既往債務の整理については、まず自然災害債務整理ガイドラインを利用することができないかを検討することが肝心です。

Q02 住宅ローン残債務について金融機関は利息のみ払い続ける内容の支払猶予の提案しかしてくれません。何とかならないでしょうか。

A 支払条件の変更（リスケジュール）、繰上返済、借換え又は新たな借入れをする前に、「自然災害による被災者の債務整理に関するガイドライン」を利用できないか検討しましょう。

「自然災害による被災者の債務整理に関するガイドライン」の手続着手の同意に金融機関が応じない場合、所定の苦情・相談窓口へ連絡することが考えられます。場合によっては、弁護士を代理人として金融機関と交渉することも考えられます。

解説 ───────────────────────

1 リスケジュール等の前にガイドラインの利用を検討する

Q1のとおり、自然災害債務整理ガイドラインは、自然災害により債務を返済できなくなった人がその債務の減免を受けられる制度であり、災害発生前の債務を抱える被災者にとって非常にメリットの大きい制度です。

しかし、災害後に、例えば被災者生活再建支援金や義援金を使用するなどして繰上返済をした場合には、後から自然災害債務整理ガイドラインを利用しようとしても、整理の対象となる債務がないため、利

第1部・9　ローン・リース

用できません。また、災害後に借換えをした場合にも、自然災害債務整理ガイドラインは自然災害発生前の債務を整理する手続なので、借換え後の債務について同ガイドラインを利用できないと考えられます。また、災害後に新たな借入れをした場合にも、その借入額が高額な場合には、自然災害債務整理ガイドラインを利用できないことがあります。

　また、災害後に支払条件の変更（リスケジュール）をした場合には、自然災害債務整理ガイドラインを利用できなくなるわけではないのですが、当該債務者は、同ガイドラインに基づく手続を利用する動機を失ってしまいかねません。

　そこで、被災者が、リスケジュール、繰上返済、借換え又は新たな借入れをする前に、自然災害債務整理ガイドラインを利用できないか検討することが重要です。

2　手続着手の同意に応じない金融機関への対応

　自然災害債務整理ガイドラインの手続は、債務者が、主たる債権者（メインバンク）に対して手続の着手を申し出て、主たる債権者がこれに「同意」することから始まります（同ガイドライン5項(1)）。この主たる債権者の同意がなければ、登録支援専門家たる弁護士がつくこともありません。

　主たる債権者は、「当該対象債務者が（略）規定する要件のいずれかに該当しないことが明白である場合を除いて、当該申出への不同意を表明してはなら」ないとされており（同ガイドライン5項(1)）、同意・不同意は債権者の自由裁量ではありません。

　自然災害債務整理ガイドラインでは、登録支援専門家としての弁護士がつく前に、被災者たる個人債務者が金融機関と話をして金融機関から手続着手の同意をもらうことが予定されています。同ガイドライ

181

ンの利用に消極的な金融機関が、金融機関に話をしにいった債務者を
リスケジュールや借換えに誘導するおそれもあります。そこで、被災
者は、金融機関に対し、「自然災害債務整理ガイドラインを利用した
い」と明確に申し込むことが重要です。

　また、金融機関が正当な理由なく手続着手に同意しない場合には、
金融機関が属する業界団体（例えば銀行なら全国銀行協会）の苦情・
相談受付窓口へ連絡をすると、各業界団体から当該金融機関へ苦情・
相談内容を取り次ぐとともに適切な対応を依頼することになっていま
す。苦情・相談窓口は、「自然災害による被災者の債務整理に関する
ガイドライン」Q＆Aの末尾に載っています。

　また、場合によっては、債務者が代理人弁護士を依頼して、代理人
弁護士が手続着手の同意を求めて金融機関と交渉をすることも考えら
れます（この場合の代理人弁護士の費用は債務者負担となります）。

地元の金融機関に、被災者を貸付対象者とするローンを組みたいと相談しましたが、扱っていないと言われました。どうすればよいですか。

 被災者が利用できる公的融資制度等の利用を検討してください。

　主な公的融資制度として、市町村が実施する災害援護資金、社会福祉協議会が実施している生活福祉資金、福祉事務所が実施している母子父子寡婦福祉資金などがあります。

解説

1　災害援護資金

　災害援護資金は、災害により、世帯主が負傷し、又は家財や住居に相当程度の被害を受けた世帯の世帯主に対し、生活の立直しに必要な資金を貸し付ける制度です。これは、災害弔慰金の支給等に関する法律を根拠として、各市町村が条例により支給要件を決定するものです。

　借入れには、1人世帯では前年度所得が220万円、2人世帯なら430万円というような、世帯人数ごとの所得制限があります。貸付限度額は、被害の程度によりますが、150〜350万円とされています。利率は、据置期間3年（特別な場合は5年）は無利子で、以後は年3％です。償還期間は、据置期間を含め10年以内です。

2　生活福祉資金

　生活福祉資金は、金融機関等からの借入れが困難な低所得世帯、障がい者や高齢者がいる世帯に対して、経済的な自立と生活の安定を図

るために必要な資金を貸し付けるものです。これは、厚生労働省の通知（生活福祉資金貸付制度要綱）に基づき、社会福祉協議会が実施するものです。

生活福祉資金には、総合支援資金、福祉資金、教育支援資金、不動産担保型生活資金があります。ここでは福祉資金の中の、緊急小口資金と、福祉費（災害援護資金。前記1の災害援護資金とは別の制度です。以下『災害援護資金』といいます）を特に取り上げて説明します。

緊急小口資金は、災害の場合に限らず、緊急かつ一時的に生計の維持が困難となった場合の少額の費用の貸付けです。10万円を限度とする無利子の貸付けで、据置期間2月、償還期間は据置期間経過後12月とされています。

『災害援護資金』は、災害を受けたことにより臨時に必要となる資金の貸付けです。限度額は150万円です。利率は、連帯保証人をつけた場合は無利子ですが、つけていない場合は年1.5％です。据置期間は6月、償還期間は据置期間経過後7年以内（目安）とされています。なお、『災害援護資金』は、災害弔慰金の支給等に関する法律に基づく災害援護資金（前記1の制度）の対象となる世帯には、適用除外となります。

3　母子父子寡婦福祉資金

母子父子寡婦福祉資金は、母子家庭や父子家庭、寡婦を対象に、経済的な自立と生活の安定を図るために必要な経費を貸し付けるものです。これは、母子及び父子並びに寡婦福祉法に基づき、都道府県や市の福祉事務所で実施するものです。

修学資金、生活資金、住宅資金等12種類の貸付制度があり、利率は、貸付けの種類、連帯保証人の有無により異なりますが、無利子又は1％です。償還期間は、貸付金の種類によって異なりますが、一定の

第1部・9　ローン・リース

据置期間の後3～20年です。

　災害により被災した母子家庭、父子家庭、寡婦に対しては、償還金の支払猶予などの措置をとるとされています。

4　前記のほかにも利用できる公的融資制度があります。また、災害によっては特例措置が講じられる場合もあります。できるだけ最新情報を調べることをお勧めします。

　また、ここでは借入れの制度について解説しましたが、返済不要な給付制度として、災害弔慰金、災害障害見舞金、被災者生活再建支援金等があります。また、事情によっては生活保護を受給するのが適切な場合もあると思われます。これらを考慮したうえで、借入れについても検討されるべきと考えられます。

（参考）

被災者支援に関する各種制度の概要（内閣府　平成30年11月1日現在）

http://www.bousai.go.jp/taisaku/hisaisyagyousei/pdf/kakusyuseido_tsuujou.pdf

Q 04 抵当権が設定されている建物が半壊しました。これにより借入金（住宅ローン等）の期限の利益を喪失してしまうのでしょうか。また、これにより金融機関から増担保を請求されるのでしょうか。

A 期限の利益の喪失事由（請求喪失事由）や増担保（追加担保）の請求事由に該当する場合が多いですが、実際に期限の利益を喪失させたり、増担保を請求したりするという運用はしない金融機関が多いようです。

解説

1 期限の利益の喪失

　抵当権の設定された建物が半壊した場合であっても、これは不可抗力によるものであって債務者に帰責性はないことから、特約のない限り、期限の利益を喪失しないのが原則です（民法137条2号には該当しない）。

　ところが、金融機関との契約上、不可抗力であっても、担保の損傷は期限の利益の請求喪失事由とするという特約がなされている場合が多く、かかる特約により、契約上は期限の利益の喪失事由には該当してしまいそうです。

　しかし、実際の過去の災害の場合には、金融機関は、期限の利益を喪失させるという運用をとらないことが多かったようです。

2 増担保（追加担保）の請求

　期限の利益の喪失の場合と同様に、金融機関との契約上、不可抗力

第1部・9　ローン・リース

であっても、担保の損傷は増担保の請求事由とするという特約がなされている場合が多く、かかる特約により、契約上は増担保の請求事由には該当してしまいそうです。

　しかし、こちらについても実際の過去の災害の場合には、金融機関は、増担保を請求するという運用をとらないことが多かったようです。

3　まとめ

　金融機関との契約上、担保の状況に重大な変化があった場合には金融機関に報告する義務がある場合も多いので、まずは、金融機関の窓口に相談するよう相談者へ勧めるのがよいと考えられます。前述したとおり、金融機関も、個別の事案ごとに、災害の実態に即した現実的な対応をとっているケースが多いようですので、弁護士としては、まず契約書を確認して、相談者が金融機関に負っている義務を把握したうえで、個別の運用について金融機関と相談するようアドバイスすることになります。

Q05 ローン購入していた自動車が流されてしまいました。自動車のローンはどうなるのでしょうか。

A 自動車のローンの残額の支払義務を免れることは難しいものと考えられます。ただし、水害・土砂災害の場合は、車両保険に入っていれば保険金を受領できる場合が多いものと思われます。また、災害救助法が適用された災害においては、被災ローン減免制度が利用できないかを検討するべきです。

解説

　自動車のローンについては、自然災害等の不可抗力により自動車が滅失した場合であってもその残額の支払義務を免れないという趣旨の条項が契約書に盛り込まれていることが多いものと思われます。したがって、自動車ローンの残額の支払義務を免れることは難しいものと考えられます。

　そのうえで、自動車保険の適用については、水害や土砂災害の場合は、地震や津波の場合と異なり、車両保険に加入していれば、保険金を受領できる場合が多いものと思われます。相談を受けた弁護士においては、相談者に対し、その加入している保険会社に問い合わせて確認するよう促してください。

　また、当該災害に災害救助法が適用された場合には、自然災害による被災者の債務整理に関するガイドライン（被災ローン減免制度）を利用することも考えられます。同制度を利用することができる場合に

第1部・9　ローン・リース

は、一定の財産を手元に残したまま債務の減免や分割弁済の猶予を得
ることができます。滅失した自動車の代わりに自動車を購入する場合、
同制度において優遇を受けることができる購入額は200万円までです
ので、購入に当たっては注意してください。

Q06 事業用に自動車のリースを利用しています。自動車が流されて使用できなくなった場合でもリース料を払う必要があるのでしょうか。また、自動車は残りましたが、事業所が流されたのでリース契約を解除したいのですが、違約金は発生しますか。

A 自動車が滅失した場合、原則としてリース料の支払は免れますが、特約により支払義務が存続するとされている場合がありますので、約款を確認する必要があります。また、自動車が使用できる場合、リース契約を一方的に解約することはできず、違約金が発生します。

解説

　リース物件が不可抗力で滅失した場合、リース会社の使用、収益させる義務は履行不能で消滅し、他方契約者のリース料支払義務も危険負担の債務者主義の原則から消滅します（民法536条）。したがって、リース会社はリース料を請求する権利を失うのが原則です。

　また、賃貸借契約の場合は、借主は滅失部分に応じた賃料の減額請求ができ、残存部分だけでは契約の目的を達成できない場合には、契約を解約することができます（民法611条）。

　しかし、リース契約では特約によりこの債務者主義の原則を排除し、リース期間中不可抗力により物件が滅失した場合、利用者には契約解

第1部・9　ローン・リース

除権がなく、原則として規定損害金を直ちに支払う義務を課している場合が多いと思われます。この特約の適用がある場合、使用者からは契約の解約もできませんし、リース料の減額を求めることもできないことになります。

　ただし、リース会社ではリース物件を動産保険に付保していることが多いと思われますので、そのような場合は規定損害金が減額されることになります。保険会社に確認することが必要です。

　さらに、大規模災害などの場合には経済産業省が業界団体に一定の配慮を促している場合もありますので、弁護士としては相談者に対し、それらの情報の提供やリース会社の窓口へ相談をするよう案内する必要があります。

　なお、自動車が滅失してない場合には、廃業などを理由としてリース契約を一方的に解約することはできません。一方的に解約する場合は、リース契約の条件に従った違約金の支払は免れませんので注意してください。

191

自宅を修繕するために借入れをしたいと思っています。住宅金融支援機構の災害リバースモーゲージって何ですか。災害援護資金や、福祉資金貸付けとの違いも教えてください。

A 住宅金融支援機構の災害リバースモーゲージとは、被災した自宅と土地を担保に融資を受け、利息のみを返済し続け、借主の死亡後には相続人に債務が請求されないというものです。

災害援護資金は、災害救助法が適用される災害が発生した場合に、市町村が被災世帯に対して、生活の再建に必要な資金を低利で貸し付ける制度です。

福祉資金貸付制度は、低所得者などの生活を支援するための貸付制度です。

解説

一般にリバースモーゲージとは、高齢者の老後の生活資金を、自宅を担保にして貸し出すもので、借りた分だけの利息を毎月支払うだけで、元金は死亡後に担保物件を売却して返済するというものです。

住宅金融支援機構は、災害型のリバースモーゲージとして、平成28年4月の熊本地震を受けて、自然災害で罹災証明書を発行された60歳以上の被災者を対象として、土地と建物の固定資産税評価額の一定割合額を上限に融資をするというリバースモーゲージを始めました。自宅の再建築には多額のお金が必要となりますが、自宅を修繕するだけ

第1部・9　ローン・リース

の金額であれば、この災害型リバースモーゲージを利用することで、返済額も利息分だけの負担となるので、被災された高齢者の資金の調達手段として利用されています。詳細については、住宅金融支援機構にお尋ねになるとよいでしょう。

　次に、災害援護資金は、災害弔慰金の支給等に関する法律に基づいて、災害救助法が適用される災害が発生した場合に市町村が被災世帯に対して生活の再建に必要な資金を低利で貸し付ける制度です。この制度は、世帯主が療養におおむね1か月以上かかる負傷を受けたり、家財の3分の1以上の損害、又は住居が全壊、半壊、流出するなどの被害を受けた世帯が対象となります。貸付限度額は350万円で利率は年3パーセントとなっており、償還期間は10年、据置期間が3年又は5年あり、据置期間は無利子の貸付けとなります。

　最後に福祉資金貸付制度ですが、この制度は平常時においても利用されている制度で、各都道府県・市町村の社会福祉協議会が窓口となって行われているものです。対象としては、市町村民税非課税世帯程度の収入が低い世帯や、身体障害者手帳、療育手帳、精神障害者保健福祉手帳の交付を受けた方の属する世帯、65歳以上の高齢者の属する世帯を対象としています。災害で被災した場合には、災害を受けたことで臨時に必要になる経費として、150万円を目安に利率年1.5％（保証人がある場合は無利子）、据置期間を貸付けの日から6か月、償還期間を据置期間の経過から7年（目安）とする貸付けがされ、災害にあって、臨時に必要になる少額の費用については、緊急小口資金として、10万円を上限に、無利子、据置期間を貸付けの日から2か月、償還期間を据置期間経過から12か月として貸付けがされます（大規模災害時には、貸付け対象世帯の拡大や、据置期間や償還期間の拡大等の特例措置を実施することがあります）。詳細については社会福祉協議会にお問い合わせください。

10　事業

 事業所の施設が土砂の流入により直接被害を受け、営業を停止せざるを得なくなりました。この場合従業員には休業手当を払わなければならないでしょうか。また、事業所の施設が直接被害を受けているわけではないものの、もし、事業所のある地域に避難指示が出されて営業ができないような場合も、同様に休業手当を払わなければならないでしょうか。他方、交通事情等により原材料等の仕入れが困難になり休業する場合はどうでしょうか。

A まず、事業所の施設が直接的に被害を受けたため休業する場合は、休業手当の支払は不要です。避難指示により休業する場合も、原則として、法令を遵守するための休業に準ずるものとして休業手当の支払は不要と考えられます。原材料等の仕入れなどが困難で休業するような場合、原則として使用者の責めに帰すべき事由による休業と考えられていますが、例外的に使用者の帰責事由がない場合もあります。

第1部・10　事業

解説

　労働基準法26条は「使用者の責めに帰すべき事由」による休業の場合、使用者は休業期間中休業手当（平均賃金の60％以上）を支払わなければならないとしています。

　天災地変など不可抗力の場合は「使用者の責めに帰すべき事由」に当たらない場合といえますので、土砂の流入により事業所の施設が破壊され営業ができないような場合、休業手当の支払義務は免れます。

　また、法令を遵守するための休業については、使用者の帰責事由はないと解されています。避難指示には法的拘束力はありませんが、避難指示は、災害対策基本法60条1項に基づき市町村長が発令するものですので、かかる避難指示を遵守するために休業した場合も、原則として、法令を遵守するための休業に準ずるものとして、休業手当の支払義務は免れると考えます。

　他方、交通事情等により原材料等の仕入れや製品の納入が困難な場合の休業について使用者側に起因する経営、管理上の問題としてとらえられ、原則として、使用者の責に帰すべき事由による休業とされています。ただし、「東日本大震災に伴う労働基準法等に関するＱ＆Ａ〈第3版〉」（厚生労働省ホームページ）によると、取引先への依存の程度、輸送経路の状況、他の代替手段の可能性、災害発生からの期間、使用者としての休業回避のための具体的努力の内容等を総合的に勘案し判断する必要があるとされ、①その休業の原因が事業の外部より発生した事故によるものであること、②事業主が通常の経営者として最大の注意を尽くしてもなお避けることのできない事故であることの2つの要件を満たす場合には、例外的に「使用者の責に帰すべき事由」による休業には該当しない場合があるとされています。

195

大型台風が近づいて、避難勧告が出たので、会社を休んで避難しましたが、上司からは出社するように言われていました。懲戒されてしまいますか。

会社は、避難勧告に従った避難を理由として会社を休んだことをもって懲戒することはできません。

解説

　災害対策基本法60条1項は、「災害が発生し、又は発生するおそれがある場合において、人の生命又は身体を災害から保護し、その他災害の拡大を防止するため特に必要があると認めるときは、市町村長は、必要と認める地域の居住者等に対し、避難のための立退きを勧告し、及び急を要すると認めるときは、これらの者に対し、避難のための立退きを指示することができる」と定めています。

　市町村長が避難勧告を出しているということは、相談者の居住地域に災害が発生し、被害の拡大を防止するために、避難をさせなければならないという判断をしているということです。

　避難勧告が出されている場合は、その当時の天候等の状況にかかわらず、勧告に従って避難行動をとることをお勧めします。

　その場合、会社を休まなければならなくなったとしても、それはやむを得ないことです。

　上司から出社を求められていたとしても、避難勧告に従って避難し

なければならなかったために出社できなかったとすれば、それは、従業員の過失や怠慢によるものではありませんから、懲戒処分や不利益評価の根拠となる「欠勤」とすべきではありません。

社内の制度に「公休」の制度があれば、公休を認めるよう要求すべきですし、公休がない、又は、公休とすることが難しいという場合には、せめて「有給休暇」とすべきです。

事後的に有給休暇を申請することは認められますし、会社が特別な休暇の定めを有しているときは、その活用も考えられます。

厚生労働省作成の「平成28年熊本地震に伴う労働基準法等に関するＱ＆Ａ〈第２版〉」（平成28年４月28日）のＱ10－２には、震災の被害により出勤できなかった労働者の賃金の取扱いについて、「労働契約や労働協約、就業規則等に労働者が出勤できなかった場合の賃金の支払について定めがある場合は、それに従う必要があります。また、例えば、会社で有給の特別な休暇制度を設けている場合には、その制度を活用することなども考えられます。このような定めがない場合でも、労働者の賃金の取扱いについては、労使で十分に話し合っていただき、労働者の不利益をできる限り回避するように努力することが大切です。」と記載されており、労働者の不利益をできる限り回避する努力が求められています。

したがって、会社としては、できる限り「欠勤」としないよう努力する必要があり、労働者もそうならないように、有給休暇の申請等を検討しましょう。そして、結果として、「欠勤」となってしまったとしても、それを理由に不利益な取扱いをすることは許されないのですから、会社が避難による欠勤を根拠に懲戒処分をしようとしても、認められないということになります。

Q03 大型台風が近づき、大雨洪水特別警報が発令され、さらに、勤務先の自治体において、避難勧告が出ました。しかしながら、会社は自宅待機命令を出さなかったため、出社しようとしていた社員が、地下鉄の階段に流れ込んできた雨水に足をとられ、滑り落ちてけがをしました。会社に責任はあるのでしょうか。

A 会社は、一般的に従業員に対する安全配慮義務を負っており、その義務違反による損害賠償を負担するケースがあります。

解説 ——————————————————————

　労働契約法5条では、「使用者は、労働契約に伴い、労働者がその生命、身体等の安全を確保しつつ労働することができるよう、必要な配慮をする」ことが要請されており、また、民法415条によって、労働契約上の債務者である企業は、債権者である従業員に対して、労務の管理に当たって従業員の生命及び健康などを危険から保護するよう配慮する安全配慮義務を負っているものと解されています。

　よって、生命・身体に危険が生じることについて予見可能性があり、結果回避に向けての適切な指示を出すことができたにもかかわらず、その義務を怠った場合には、災害時であっても、当時の具体的状況に応じて、安全配慮義務違反による損害賠償義務を負うことが想定され

ますので、本件においても、一般的見地から、およそ出社することに困難を来すような状況を予見し得た場合には、一定の法的責任を負う可能性があります。

なお、東日本大震災において、仙台地判平成26・2・25判時2217号74頁〔28220857〕は、津波警報を受け、銀行支店長の指示により、あらかじめ避難場所に指定されていた支店の屋上に避難していた行員等が、津波に流されて死亡ないし行方不明となってしまった事案について、結論として安全配慮義務違反は否定したものの、その前提として、銀行には、行員及び派遣スタッフの生命及び健康等が、地震や津波等の自然災害の危険からも保護されるよう配慮すべき一般的な義務があると肯定しています。

したがって、豪雨災害のように、降雨開始から発災まで一定の時間の経過があるような災害について、これを回避するための判断・指示につき、時間的猶予がある場合には、ケースにより、使用者側に厳しい判断が出されることも想定されます。

なお、通勤中の災害については、労災保険給付の対象となり得ますので、場合によっては、労災請求につき、労働基準監督署などに相談するようアドバイスすることも有益です。

Q04 大型台風が近づいて、自宅周辺の地域に特別警報が出ましたが、会社は通常どおりの終業時間でした。そのため、帰宅したときには、自宅にあった自動車が水没してしまいました。会社に損害賠償請求できますか。

できる余地はありますが、具体的事案によります。

解説

特別警報は、気象業務法13条の2（気象庁は、予想される現象が特に異常であるため重大な災害の起こるおそれが著しく大きい場合として降雨量その他に関し気象庁が定める基準に該当する場合には、政令の定めるところにより、その旨を示して、気象、地象、津波、高潮及び波浪についての一般の利用に適合する警報をしなければならない。）に基づくもので、「『警報』の発表基準をはるかに超える、数十年に一度の大災害が起こると予想される場合に発表し、対象地域の住民の方々に対して最大級の警戒を呼びかけるもの」（首相官邸ホームページより）とされています。

問題は、会社の労働者に対する安全配慮義務（労働契約法5条）に反するか否かです。

労働者が自宅周辺の地域に特別警報が出たことを理由に退勤を求めたにもかかわらず、会社がそれに応じなかった場合等に、損害賠償請求ができる余地が生じます。

第1部・10　事業

　ただし、その場合でも、損害賠償請求が認められるか否かは、特別警報が出たというだけでは足りず、特別警報が出た時期、退勤を許さなかった理由等の要素を考慮し、そもそも安全配慮義務違反に該当するか、さらに、当該台風によって自動車が水没することに対する予見可能性、結果回避可能性があるかを具体的に検討する必要があります。

自身が経営する工場が土砂崩れによって流されたのですが、支援金等、何らかの支援制度はないでしょうか。

経済的な支援制度等があります。

解説

　住宅が土砂崩れによって流された場合のような支援金制度はありませんが、日本政策金融公庫及び商工組合中央金庫が運転資金又は設備資金を融資する災害復旧貸付けや、災害の影響（売上げの低下）を受けた中小企業者について、一般保証とは別枠の限度額で融資額の100％を保障するセーフティネット保証４号（中小企業信用保険法２条５項４号）の適用、小規模企業共済契約者に対し、中小企業基盤整備機構が原則として即日で低利で融資を行う災害時貸付けの適用などを受けられる場合があります。

　例えば、阪神・淡路大震災復興基金、新潟県中越大震災復興基金といった基金が設立され、災害復旧貸付けの利子補給や運転再開等を支援する都道府県・市町村の特定の制度融資の借入れに対し利子補給がなされるなどの例があります。義援金や地方公共団体からの出援金・貸付金がこのような復興基金の財源としてあてられます。

　平成26年８月の広島豪雨災害では、経済産業省が災害により影響を受けている中小企業者への資金繰り支援措置として、追加でセーフティネット保証４号を発動することを決定しました。

第1部・10　事業

　平成30年豪雨災害では、災害復旧貸付けの実施、セーフティネット保証4号適用、小規模企業共済災害時貸付けのほか、日本政策金融公庫、商工組合中央金庫及び信用保証協会に対して、返済猶予等の既往債務の条件変更、貸出手続の迅速化及び担保徴求の弾力化などについて、災害により被害を受けた中小企業・小規模事業者の実情に応じて対応するよう、国から要請がありました。

　他にも、前記豪雨災害においては、中小企業庁の被災事業支援制度として、被災した中小企業が商工会・商工会議所と一体で取り組む事業再建を支援するため、機械装置費用、車両購入費、広報費、展示会等出展費、旅費、開発費、資料購入費などに対して補助金（持続化補助金）が支出されたり、革新的サービス開発・試作品開発・生産プロセスの改善を行うための設備投資を支援したりする趣旨で、機械装置費、技術導入費、専門家経費、運搬費、クラウド利用費に対して、補助金（ものづくり補助金）が支出されました。

　融資制度以外には、被災都道府県の窓口で、経営や法律の専門家による相談を行っていることがあります。

　平成30年豪雨災害では、収益性の改善が図れず、売上げ回復が困難な企業に対して、経営改善のためのアドバイスを行うため、税務、会計、雇用、ITなどの専門家を派遣する「ミラサポ専門家派遣」も行われました。

　以上のように、直接的な資金援助がなくても、有利な融資の制度が用意されることがありますので、弁護士としては、どのような支援制度があるのか確認したうえで、相談者へ伝えるようにしましょう。

Q06 事業場が浸水しました。復旧のための借入れの支援等はありますか。

A 中小企業庁のセーフティネット保証制度や日本政策金融公庫の災害復旧貸付け、中小企業基盤整備機構の小規模企業共済災害時貸付け、自治体独自の融資制度など、いろいろな支援が受けられる可能性があります。

解説

　自然災害、とりわけ、豪雨による浸水や地震による崩壊、津波による流失等によって経営が苦しくなり、追い込まれる事態になった場合、雇用を維持し、経営を立て直すためには、何らかの支援が必要となります。会社として支援を受ける方法と、個人として生活再建支援制度を利用する方法が考えられますが、中小企業の場合、会社として支援を受ける方法としては、中小企業庁のセーフティネット保証制度や日本政策金融公庫の災害復旧貸付け、中小企業基盤整備機構の小規模企業共済災害時貸付け、自治体独自の融資制度などがあります。

1　中小企業庁のセーフティネット保証制度

　自然災害等の突発的事由（噴火、地震、台風等）により経営の安定に支障を生じている中小企業者への資金供給の円滑化を図るため、信用保証協会が通常の保証限度額とは別枠で保証（100％保証）を行う制度です（中小企業信用保険法2条5項4号によるもの）。

　支援を受けるためには、指定地域における1年間以上の事業継続や災害に起因する売上高の減少等が要件とされています。平成31年3月

第1部・10　事業

時点では、平成28年の熊本地震や、平成30年の大阪北部地震、7月豪雨、台風21号、北海道胆振東部地震などが指定案件とされています。

2　日本政策金融公庫の災害復旧貸付け

指定された災害により被害を被った中小企業者や小規模事業者に対して、災害復旧のための設備資金及び長期運転資金を融資するというものです。

中小企業の場合の融資限度額は、直接貸付けは別枠1億5,000万円、代理貸付は直接貸付けの範囲内で別枠7,500万円とされています。災害によっては、特別措置により利率が引き下げられることもあります。

3　中小企業基盤整備機構の小規模企業共済災害時貸付け

小規模企業共済制度に加入し一定の条件を満たしている中小企業が即日でお金を借りることができる制度です。具体的な要件としては、12か月以上の掛金を納入していること、災害救助法の適用される災害又はこれに準ずる災害として機構が認める災害の被災区域内に事業所を有していること、主要な資産が損害を受けていること、売上高の減少などが必要になります。

貸付限度額は、原則として納付済掛金の合計額に掛金納付月数に応じて7割～9割を乗じて得た額（50万円以上で5万円の倍数となる額）と1,000万円のいずれか少ない額とされています。

その他、災害によっては、自治体独自の融資制度などが設けられることもあります。金融機関や商工会議所、自治体の窓口等にお問い合わせください。

205

11 その他

Q01 自動車を修理していたため代車を借りていたのですが流されました。損害賠償義務はあるのでしょうか。

A 借主の保管管理に不注意（過失）がない限り、賠償する義務はありません。

―― 解説 ――――――――――――――――――――

　この場合の代車契約は、一種の賃貸借契約と構成することが可能です。借主は、代車について善良なる管理者としての注意義務（善管注意義務）を負いますので、保管管理の不注意によって代車が流された場合には、貸主に対して債務不履行ないし不法行為に基づく損害賠償義務を負うことになります。もっとも、借主の保管管理に不注意がない場合には、貸主である修理業者は代車を使用収益させることができなくなり（履行不能）、他方借主の代車返還義務も危険負担の債務者主義の原則から消滅します（民法536条1項）。

　したがって、水害等に遭った際に、代車を借りていた側に、その代車の保管管理に不注意（過失）が認められるような場合は損害賠償義務を負担することになりますが、そのような不注意がない限り、賠償する義務を負うことはありません。

　ただし、借主側として、新たな代車の提供を請求することまでは認められません。

第1部・11　その他

生活保護受給中に、雷で家電製品がすべてダメになりました。親せきから新しい家電をもらいたいと考えています。生活保護課に相談したところ、それは収入になるから生活保護打切りになると言われましたが、本当なのでしょうか。

保護の打切りに該当する場面ではないと考えられます。

解説

　「生活保護法による保護の実施要領について」(昭和36年4月1日厚生省発社第123号厚生事務次官通知(最終一部改正：平成30年9月4日厚生労働省発社援0904第3号))の第8では、「収入の認定は、次により行うこと。3　認定指針(3)次に掲げるものは、収入として認定しないこと」として「災害等によって損害を受けたことにより臨時的に受ける補償金、保険金又は見舞金のうち当該被保護世帯の自立更生のためにあてられる額」とあります。つまり「当該被保護世帯の自立更生のためにあてられる額」は収入認定されないということです。

　また、「生活保護法による保護の実施要領の取扱いについて」(昭和38年4月1日社保第34号厚生省社会局保護課長通知(最終一部改正・平成30年9月4日厚生労働省発社援保発0904第1号))は、「自立更生のための用途に供される額の認定は、どのような基準によるべきか」という設問について、「被保護者が災害等により損害を受け、事業用施設、住宅、家具什器等の生活基盤を構成する資産が損われた場合の

207

当該生活基盤の回復に要する経費又は被保護者が災害等により負傷し若しくは疾病にかかった場合の当該負傷若しくは疾病の治療に要する経費」が含まれるとしています。

したがって、落雷でダメになった家電製品に代わる同種製品を譲り受けることも、当然に「被保護者が災害等により損害を受け、事業用施設、住宅、家具什器等の生活基盤を構成する資産が損なわれた場合の当該生活基盤の回復に要する経費」に該当するものとなりますので、収入にはならず、よって保護の打切りにはならないと考えられます。

第1部・11 その他

 自衛隊に1か月間敷地を利用させていた場合に補償はあるのでしょうか。

 自衛隊の敷地利用の根拠によって補償等の性質に違いが生じますが、いずれにせよ、一定の金銭の支払は受けられることになります。

解説

　自衛隊は、水害を含む自然災害時において、原則として都道府県知事等の要請を受けて被災地に派遣され、被災者の捜索・救助、水防活動、瓦礫の除去など様々な活動を行います（自衛隊法83条1、2項本文。なお、特に緊急を要し、前記要請を待ついとまがないと認められるときは、防衛大臣等は同要請を待たないで部隊等を派遣することができるとされています（同条2項ただし書））。そして、これらの自衛隊による災害派遣活動の際には、その活動や部隊の駐屯等のために土地の利用を伴うことがあり、公用地のほか、私有地が利用されることもあります。

　このような自衛隊の敷地利用については、①自衛隊ないし自治体との間で土地の利用に関する契約を締結するケースと、②そのような契約を締結することなく自衛隊が災害対策基本法上の応急公用負担として敷地を利用しているケースとが考えられます（自衛隊法94条の3第1項、災害対策基本法64条8項、同条1項）。

　そして、①の場合には、一般の契約と同様に、契約の定めに従って敷地の使用料が支払われることとなります。一方、②の場合には、災

害対策基本法82条1項に基づき、「通常生ずべき損失」について補償を受けられることとなります。ただし、災害対策基本法には「通常生ずべき損失」の具体的算定についての規定はありませんので、当該敷地利用の対価が具体的にいくらになるのかは個別具体的事情によることとなります。解釈上、「通常生ずべき損失」とは、「社会通念上の一般的な事情の下において生ずる損失のことであり、特別の事情に基づく損失は含まれない。損失には、物そのものが滅失毀損したことによる損失額、保管のため新たに支出した費用等のほか、例えば、保管を命ぜられなければ当然得られたであろう利益等も含まれる」とされています（防災行政研究会編『逐条解説災害対策基本法〈第三次改訂版〉』ぎょうせい（2016年）82条解説）。

　なお、自衛隊の敷地利用が一時的な立入りにとどまるような場合は、警察官職務執行法上の立入措置として行われている可能性もありますが（自衛隊法94条、警察官職務執行法6条1項）、この場合には損失補償の規定はありませんので、補償を受けることは困難です。

210

第1部・11 その他

人命救助のため自衛隊によって瓦礫が自宅敷地内に投棄されたのですが、撤去を求められるでしょうか。

妨害排除請求権が行使可能であると考えられます。

解説

　災害対策基本法64条1項では、「市町村長は、……応急措置を実施するため緊急の必要があると認めるときは、……他人の土地、建物その他の工作物を一時使用し、又は土石、竹木その他の物件を使用し、若しくは収用することができる」とされ、同条2項は、「市町村長は、……応急措置を実施するため緊急の必要があると認めるときは、……工作物等……の除去その他必要な措置をとることができる。この場合において、工作物等を除去したときは、市町村長は、当該工作物等を保管しなければならない」とされており、同条8項で、一定の場合に災害派遣を命ぜられた部隊等の自衛官の職務の執行について準用され、同条9項で、この場合は、警察署長等又は自衛隊の部隊等の長が、当該工作物等を保管しなければならないとされています。

　すなわち、緊急の必要があるときは、他人の土地を一時使用することができ、瓦礫の投棄は「他人の土地の一時使用」行為であると考えられます。もっとも、瓦礫の撤去とはいえ、当該応急措置の実施の支障となるものの除去であったとしても、当該瓦礫を警察署長等又は自衛隊の部隊等の長が、当該工作物等を保管する義務があります。した

211

がって、同条 9 項に基づき、妨害排除請求は認められる可能性があり
ます。

第1部・11 その他

自衛隊や救急隊が人命救助のために自宅建物の一部を壊してしまいました。その場合、補償を求めることができるでしょうか。

原則として、被災している建物か否かで補償の要否が異なります。

解説

　災害対策基本法64条1項では、「応急措置を実施するため緊急の必要があると認めるときは、……他人の土地、建物その他の工作物を一時使用し、又は土石、竹木その他の物件を使用し、若しくは収用することができる」としており、その場合には、同法82条で「当該処分により通常生ずべき損失を補償しなければならない」としています。ここにいう「通常生ずべき損失」とは、「社会通念上の一般的な事情の下において生ずる損失のことであり、特別の事情に基づく損失は含まれない。損失には、物そのものが滅失毀損したことによる損失額、保管のため新たに支出した費用等のほか、例えば、保管を命ぜられなければ当然得られたであろう利益等も含まれる」と解釈されています（防災行政研究会編『逐条解説災害対策基本法〈第三次改訂版〉』ぎょうせい（2016年）511頁）。一方、当該建物が被災した建物の場合には、同法64条2項で「応急措置を実施するため緊急の必要があると認めるときは、現場の災害を受けた工作物又は物件で当該応急措置の実施の支障となるものの除去その他必要な措置をとることができる」とされており、この場合、被災していない建物とは異なり、同法82条の補償

213

の規定は適用されていないので、補償を求めることはできません。

　ただし、この場合における「災害を受けた工作物又は物件」については、「災害により破壊され、上流から流され、又は岸に打ち上げられた建物、材木、船等」とされています（前掲防災行政研究会編406頁）。損失補償の対象とならない理由が、「当該工作物が除去以前にすでに災害を受けたものであること、応急措置の実施の障害となっていること等」（前掲防災行政研究会編511頁）とされていることに照らせば、一定程度、建物の被災の程度が補償の要否に影響する可能性はあるでしょう。

第1部・11 その他

Q06 適切に避難勧告が出されていれば、車で逃げることができたと思います。そのような場合、避難勧告が遅れたことを理由に、全壊した車の修理費用を市に請求できるのでしょうか。

A 生命又は身体の損害に関する賠償が認められるのは、規制権限の不行使（不作為）が著しく不合理である場合に限られます。物損の請求は困難であると思われます。

解説

　避難勧告や避難指示の発令権限を有するのは、市町村長です。災害対策基本法60条1項は、「災害が発生し、又は発生するおそれがある場合において、人の生命又は身体を災害から保護し、その他災害の拡大を防止するため特に必要があると認めるときは、市町村長は、必要と認める地域の居住者等に対し、避難のための立退きを勧告し、及び急を要すると認めるときは、これらの者に対し、避難のための立退きを指示することができる」と定めています。

　避難勧告の遅れに関する責任を問う最近の裁判としては、神戸地姫路支判平成25・4・24判タ1405号110頁〔28211639〕があります。これは、平成21年8月9日に兵庫県西播磨地域で発生した集中豪雨において、避難途中の5名が死亡したのは、佐用町長が適時に適切な内容の避難勧告をしなかった（規制権限不行使の違法性）などとして、損害賠償を求めた事件です。判決は、「避難勧告は、法的拘束力を有す

215

るものではないから、対象者に対し、原則として不利益を課すること
になる行政処分にみられるような処分性を認めることはできない」と
しつつも、「具体的事情の下において、市町村長に発令の権限が付与
された趣旨・目的に照らし、その不行使が著しく不合理と認められる
場合には、違法と評価される場合がある」としました。しかし、「災
害対策基本法は、避難勧告発令権限の行使の有無並びに行使するとし
た場合の時期及び対象地域という種々の判断を、災害時において当該
市町村内の情報が集中し、その状況を最も良く把握し得る立場にある
市町村長の専門的判断に基づく合理的裁量に委ねていることが明らか
である」として、町長に広範な裁量権を認め、原告の請求を棄却しま
した。

　なお、国は、平成16年に全国的に多発した風水害への対応に関して、
市町村による避難勧告又は避難指示の発令が必ずしも適切に行われな
かったことが課題として指摘されたことを受け、各市町村において避
難勧告及び避難指示の発令基準をとりまとめたマニュアルを作成して
おく必要があると考え、「避難勧告等の判断・伝達マニュアル作成ガ
イドライン」（平成17年3月、平成26年9月改訂）を策定し、地域防
災計画に反映するよう求めています。よって、市町村長は、地域防
災計画が定める避難勧告を発令すべき基準に該当する事態が生じたとき
は、特段の事情がない限り避難勧告を発令する義務があるというべき
ですが、その基準該当性の判断についても町長の裁量に委ねられてい
るとするのが前記判例です。

　したがって、容易には賠償請求が認められない可能性があります。

　しかも、本件では、物損の請求が問題となっていますが、災害対策
基本法60条1項には保護の対象として財産が挙げられていない（この
点で同条1項の文言とは異なる）うえ、水害などの場合に車での避難

第1部・11　その他

が有効若しくは可能であるとは限らず、実際に市町村長の判断に委ね
ることができるかも疑問です。

　したがって、本設問で述べられている請求は困難であるといわざる
を得ません。

被災した納屋を整理していたら、古い銃砲や刀剣が発見されました。どのように処理すればよいでしょうか。

 発見場所の管轄警察署に連絡し、同署で所定の手続を経たうえで、廃棄処分してください。保管を続けるためには、都道府県公安委員会の許可が必要です。

解説

　西日本豪雨災害の被災地においても、相談事例がありました。

　我が国では、銃砲や刀剣類の所持は法律で原則禁止されており、これらを所持するためには都道府県公安委員会の許可を受ける必要があります（銃砲刀剣類所持等取締法4条）。

　災害現場で発見される銃砲刀剣類は、故人が生前に有していた遺品であることが多く、発見時点で銃砲刀剣類所持の許可を受けていない、あるいは許可期間を徒過している場合があります。

　そこで、まずは、発見場所の管轄警察署に連絡し、銃砲刀剣類が発見されたことを通報したうえ、同署の指示に従って、所定の手続を経て廃棄処分してください（なお、警察署で廃棄処分を行うまでの手続には、手数料がかかることがあります）。

　その際、発見された銃が錆びついており使用不可である、あるいは、刀身が鞘から抜けない等の事情があっても、自己判断で、ごみとして廃棄処分することはやめてください。

　また、発見された物が、そもそも銃砲や刀剣に該当するのか（同法

２条該当性）が疑問な場合も、いったんは警察署に連絡し指示を仰ぐようにしてください。

　他方、発見された銃砲刀剣類が美術品又は骨とう品としての価値を有し、引き続き所持を希望される場合は、当該物品の登録の有無を確認し、法所定の手続をとる必要があります（同法14、17条参照）。

　なお、本設問のようなケースにおける、銃砲刀剣類所持等取締法違反の罰則規定の適否についてですが、罰則規定の対象である単純所持が禁止される銃砲刀剣類であるかどうか、所持の故意があるかどうか等を検討したうえで判断する必要があります。

第 2 部
発災前の備えと発災後の復興

1 土砂災害への備えと警戒区域の指定

 自宅に土砂災害の危険があるかどうかは、どうすればわかりますか。

A 土砂災害防止法に基づく「土砂災害警戒区域」と「土砂災害特別警戒区域」について理解し、自治体が作成した土砂災害の「ハザードマップ」を確認しましょう。

解説

　我が国では、豪雨等に伴う土砂災害が毎年のように全国で発生しています。近年の宅地開発によって土砂災害の発生する危険がある場所にも新しい住宅が増加し続けています。そこで、土砂災害防止法では、災害から人命や財産を守ることを目的に、土砂災害防止工事、新規住宅等の立地抑制、住宅移転への補助などの施策の推進を定めています。その前提として、土砂災害がどこで起きやすいのか、そのエリアを都道府県が調査し、指定することになっています。それが「土砂災害警戒区域」（通称：イエローゾーン）と「土砂災害特別警戒区域」（通称：レッドゾーン）です。

　まず、土砂災害警戒区域（イエローゾーン）とは、急傾斜地の崩壊等が発生した場合に、住民等の生命又は身体に危害が生じるおそれがあると認められる区域であり、危険の周知、警戒避難体制の整備が行われる区域をいいます。

次に、土砂災害特別警戒区域（レッドゾーン）とは、急傾斜地の崩壊等が発生した場合に、建築物に損壊が生じ住民等の生命又は身体に著しい危害が生ずるおそれがあると認められる区域で、特定の開発行為に対する許可制、建築物の構造規制等が行われる区域をいいます。

　都道府県は、これらの区域を確定するための調査を行い、その調査結果を公表します。さらに、市町村とともに、土砂災害の「ハザードマップ」を作成して、レッドゾーンやイエローゾーンを含む、土砂災害の被害想定などを、住民が判別できるようにします。したがって、まずは、自治体が作成しウェブサイトで公表している「ハザードマップ」を確認することが、自宅に土砂災害の危険があるかどうかを判別する第一歩となります。

　また、実際に豪雨などで土砂災害の発生が迫っている場合には、「土砂災害警戒情報」が発表されます。土砂災害警戒情報とは、大雨警報（土砂災害）が発表されている状況で、命に危険を及ぼす土砂災害がいつ発生してもおかしくない状況となったときに、市町村長の避難勧告や住民の自主避難の判断を支援するよう、対象となる市町村を特定して警戒を呼びかける情報のことで、都道府県と気象庁が共同で発表しているものです。当該市町村内で土砂災害発生の危険度が高まっている詳細な領域については「土砂災害警戒判定メッシュ情報」で確認できます。また、土砂災害警戒情報等が発表されていなくても、豪雨が続いたり、短期間で記録的な降水量となっている場合には、躊躇することなく自主的に避難を開始することが求めれます。

　なお、土砂災害防止法については、国土交通省のウェブサイトに詳しい解説が掲載されています（http://www.mlit.go.jp/river/sabo/linksinpou.htm）。

第2部・1 土砂災害への備えと警戒区域の指定

 Q02 どのような気象条件がそろったら、土砂災害を警戒しなければなりませんか。

A 　近年は豪雨災害が頻発しており、特定の条件のみを頼りにすることは危険です。内閣府が平成29年1月に一部改定した「避難勧告等に関するガイドライン」では、土砂災害警戒判定メッシュ情報を活用した情報を自主避難の判断に活用することが推進されています。特に、山麓付近や河川流域など、土砂災害が発生する可能性が高い地域に居住している方は、大雨に関する注意報などが出た場合、地域の特性や避難可能な時間帯を頭に入れて、適時の情報収集を図るようにして、早めの避難を検討してください。

解説 ─────────────────────

　平成29年7月九州北部豪雨においては、平成29年7月5日、福岡県筑後地方北部で次々と積乱雲が発生し、発達しながら東へと移動して線状降水帯が形成され、同じ場所で長時間猛烈な雨が降り続いた結果、福岡県朝倉市、うきは市、久留米市、東峰村、佐賀県鳥栖市、大分県日田市などで1時間に100mmを超える雨量がレーダー観測から解析されました。このときは、7月5日に気象庁から大雨特別警報が発表されています。

　平成30年7月豪雨においては、特に7月5日から8日にかけて梅雨

前線が西日本付近に停滞し、そこに大量の湿った空気が流れ込んだため、大雨が連日続きました。このときも、7月6日に気象庁から大雨特別警報が発表されています。

特別警報は、予想される現象が特に異常であるため重大な災害の起こるおそれが著しく大きい旨を警告して行う警報（気象業務法13条の2）と定義されているため、気象庁から特別警報が出された場合には、最大限の警戒が必要となります。

それより前の段階として、気象台や都道府県から発表される注意報や警報、土砂災害警戒情報、市町村長から出される避難勧告などを把握することで、災害の発生可能性を事前に把握することが可能です。

現在、各市町村において、土砂災害ハザードマップがつくられています。これは、「土砂災害警戒区域等における土砂災害防止対策の推進に関する法律」（通称：土砂災害防止法）7条を根拠とするもので、土砂災害警戒区域等の指定を受けた区域について、土砂災害ハザードマップが整備されています。土砂災害発生の危険性が高い地域については、この土砂災害ハザードマップを確認することで事前に把握することが可能ですので、平時において検討しておくことが重要です。なお、同法8条3項では、市町村長は「市町村地域防災計画に基づき、国土交通省令で定めるところにより、土砂災害に関する情報の伝達方法、急傾斜地の崩壊等が発生するおそれがある場合における避難施設その他の避難場所及び避難路その他の避難経路に関する事項その他警戒区域における円滑な警戒避難を確保する上で必要な事項を住民等に周知させるため、これらの事項を記載した印刷物の配布その他の必要な措置を講じなければならない」ことになっていますので、指定を受けた区域の住民に対しては、配布物等で周知されているはずです。

集中豪雨が発生することが予測されるような場合、弁護士としては

第2部・1　土砂災害への備えと警戒区域の指定

ニュース等で時間雨量などを把握しつつ、万が一災害が発生した場合
には、速やかに被災者支援を目的とした災害対策本部を弁護士会に設
置すること等も、平時より備えておかなければなりません。特に、対
策本部の設置等については、平時に災害対策マニュアルの策定を行い、
実施訓練などを行っておくと、発災時に素早く対応することが可能で
す。

　豪雨災害においては、停電を併発する場合も多いため、平時より地
域ごとの非難基準や避難方法を検討しておくとともに、適切な場所に
避難所の設置が予定されているかどうか、発災時の弁護士会関係者の
集合場所選定は適切かなども検証しておくことが重要です。

　なお、土砂災害警戒区域等に指定されると、不動産の価値が事実上
低下するなどの不利益が生じることがありますので、弁護士などの専
門家には、住民協議のコーディネーターとしての支援や関与も期待さ
れます。

イエローゾーン、レッドゾーンという言葉を聞きますが、誰がいかなる法律によって指定するのですか。

 都道府県知事が、土砂災害防止法に基づいて、指定します。

解説

　土砂災害防止法は、土砂災害から住民の生命・身体を保護するため、土砂災害が発生するおそれがある土地の区域を明らかにして、その区域の警戒避難体制の整備を図り、著しい土砂災害が発生するおそれがある土地の区域での一定の開発行為を制限し、建築物の構造の規制に関する措置を定めるほか、土砂災害の急迫した危険がある場合に避難に役立つ情報を提供することなどにより、土砂災害の防止のための対策の推進を図ることを目的としています（土砂災害防止法1条）。イエローゾーン、レッドゾーンの指定は、そのためにとられる措置です。

　イエローゾーンは、土砂災害防止法7条及び土砂災害防止法施行令2条に、レッドゾーンは、同法9条及び同施行令3条に要件が規定されています。

Q04 警戒区域（イエローゾーン）に指定された場合、どのような影響がありますか。

A 市町村には、イエローゾーンに指定された区域に、警戒避難体制を整備する義務が生じます。市町村長には、警戒避難に必要な情報を印刷物として配布し、住民に周知する義務が生じます。

要配慮者利用施設の所有者又は管理者には、災害時の施設利用者の避難のために必要な訓練その他の措置に関する計画を作成する義務が生じます。

宅地建物取引業者には、不動産取引において、警戒区域内である旨について重要事項の説明を行う義務が生じます。

土地の所有者に対する私権の制限はありません。

解説

警戒区域（イエローゾーン）とは、災害が発生した場合、住民等の生命・身体に危害が生ずるおそれがあると認められた区域です。

市町村は、地域防災計画において、当該警戒区域ごとに、当該災害に関する情報の収集及び伝達、予報又は警報の発令及び伝達、救助その他必要な警戒避難体制に関する事項を定めることとなっています（土砂災害防止法8条1項）。また、社会福祉施設、学校、医療施設その他の主として防災上の配慮が必要な方が利用する施設（要配慮者利用施設）が警戒区域内にある場合、市町村地域防災計画において、災

害時要援護者の円滑な警戒避難を実施すべく、土砂災害に関する情報等の伝達方法等を定めることとされています（土砂災害防止法8条2項）。

　土砂災害の人的被害を防止するためには、住民に情報が正しく伝達されていることが必要です。そこで、市町村の長は、市町村地域防災計画に基づき、土砂災害に関する情報の伝達方法、避難場所や避難経路に関する事項等、必要な情報を住民に周知させるため、これらの事項を記載した印刷物（ハザードマップ等）を配布し、その他必要な措置を講じることになります（土砂災害防止法8条3項）。

　要配慮者利用施設の所有者又は管理者は、災害時の施設利用者の避難のために必要な訓練その他の措置に関する計画を作成する義務が生じ、同計画を作成又は変更したときは、市町村長に報告する必要があります（土砂災害防止法8条の2）。

　宅地建物取引業者は、当該宅地又は建物の取引に当たり、指定された警戒区域である旨を記載した重要事項説明書を交付し、説明を行うことが義務付けられます（宅地建物取引業法35条1項14号）。

第2部・1　土砂災害への備えと警戒区域の指定

　特別警戒区域（レッドゾーン）に指定された場合、どのような影響がありますか。

　特定の開発行為に対する許可制、建造物の構造規制、建造物の移転の勧告等が行われることになります。

解説

　土砂災害特別警戒区域に指定された区域では、住宅地の分譲や災害時要援護者施設（学校や医療施設等）の建築のための開発行為につき、安全を確保するために必要な技術基準に従っていると都道府県知事が判断したものに限り許可されることになります（土砂災害防止法10条）。また、特別警戒区域においては、区域内の建築物の建築等に着手する前に、建築物の構造が土砂災害を防止・軽減するための基準を満たすものとなっているかについて、確認の申請書を提出し建築主事の確認を受けることが必要になります（土砂災害防止法24、25条）。

　また、都道府県知事は、急傾斜地の崩壊等により生命・身体に著しい危険が生じるおそれのある建築物の所有者、管理者、占有者に対して、特別警戒区域から安全な区域に移転する等、土砂災害の防止・軽減の措置について勧告を行うことができるとされています（土砂災害防止法26条）。この点に関し、特別警戒区域内の施設等に係る防災工事や区域外への移転等に対しては、独立行政法人住宅支援機構の融資制度（独立行政法人住宅金融支援機構法13条）や住宅・建築物安全ストック形成事業による補助（社会資本整備総合交付金）といった支援

231

措置が講じられています。

　特別警戒区域では、宅地建物取引業者は、特別の開発において、都道府県知事の許可を受けた後でなければ当該宅地の広告、売買契約の締結が行えません。また、当該宅地又は建物の売買等に当たり、宅地建物取引業者は重要事項説明を行うことが義務付けられています（宅地建物取引業法33、35、36条）。

第2部・1　土砂災害への備えと警戒区域の指定

警戒区域（イエローゾーン）に指定されると、地価が下がると聞いたことがあります。不服申立ての制度はありますか。

現時点においては、不服申立ての制度はありません。

解説

　土砂災害警戒区域の指定は、土砂災害の発生のおそれがある地域を明らかにするもので、その区域の範囲は土砂災害防止法の定める基準により客観的に定まるものであり、住民等の異議申立権は制度化されていません。

　また、警戒区域の指定は、直接国民の権利義務を形成し、又は、その範囲を確定するものではないことから、処分その他公権力の行使に当たらず、行政不服審査や取消訴訟の対象にもならないものと考えられます。

　ただし、指定された地域が法の定める基準に合致していなかったことが後でわかった場合や、地形の変化によって後で法の基準に合致しなくなった場合には、指定区域の解除がされる可能性があります。

　そのため、警戒区域の指定に不満を持つ住民から相談を受けた弁護士としては、法の定める基準に合致していない、合致しなくなったといった事実がないかを他の専門士業等と連携しながら確認し、住民への説明や、必要に応じて行政への申入れなどを検討すべきです。

233

Q07 急傾斜地崩壊危険区域に指定された場合のメリットとデメリットを教えてください。

立木竹の伐採、土石の採取等一定の行為について制限がされる等のデメリットがあります。他方、自治体の費用負担で急傾斜地崩壊防止工事がなされる場合があるというメリットがあります。

解説

1 急傾斜地崩壊危険区域の指定

急傾斜地の崩壊による災害の防止に関する法律（以下、「急傾斜地法」という）は、急傾斜地の崩壊による災害から国民の生命を保護するため、急傾斜地の崩壊を防止するために必要な措置を講じ、もつて民生の安定と国土の保全とに資することを目的としています。

急傾斜地法により、都道府県知事は、前記目的を達成するために必要があると認めるときは、関係市町村長の意見を聞いて、崩壊するおそれのある急傾斜地で、その崩壊により相当数の居住者その他の者に危害が生ずるおそれのあるもの及びこれに隣接する土地のうち、当該急傾斜地の崩壊が助長され、又は誘発されるおそれがないようにするため、急傾斜地法7条1項各号に掲げる行為が行われることを制限する必要がある土地の区域を急傾斜地崩壊危険区域として指定することができます（急傾斜地法3条）。

ここに、急傾斜地とは、傾斜度が30度以上である土地をいいます（同法2条1項）。

第2部・1　土砂災害への備えと警戒区域の指定

　具体的にどのような場合に、急傾斜地崩壊区域に指定されるかについて、通達（建河砂発第54号昭和44年8月25日建設省河川局長）により指定基準が定められており、その内容は以下のとおりです。

「急傾斜地法第3条の規定による指定は、次の①及び②に該当するものについて、行うものとする。

　　①　急傾斜地の高さが5メートル以上のもの

　　②　急雨傾斜地の崩壊により危害が生ずるおそれのある人家が5戸以上あるもの、又は5戸未満であっても、官公署、学校、病院、旅館等に危害が生ずるおそれのあるもの」

2　指定された場合のデメリット

(1)　行為制限（同法7条）

　急傾斜地崩壊危険区域内においては、以下の行為は、原則として、都道府県の許可を受けなければなりません。

　　①　水を放流し、又は停滞させる行為その他水のしん透を助長する行為

　　②　ため池、用水路その他の急傾斜地崩壊防止施設以外の施設又は工作物の設置又は改造

　　③　のり切、切土、掘さく又は盛土

　　④　立木竹の伐採

　　⑤　木竹の滑下又は地引による搬出

　　⑥　土石の採取又は集積

(2)　崩壊防止の努力義務（同法9条1、2項）

　急傾斜地崩壊危険区域内の土地の所有者、管理者又は占有者には、その土地の維持管理につき、当該急傾斜地崩壊危険区域内における急傾斜地の崩壊が生じないようにする努力義務が課されます。

　また、急傾斜地崩壊危険区域内における急傾斜地の崩壊により被

235

害を受けるおそれのある者にも、当該急傾斜地の崩壊による被害を
除却し、又は軽減するために必要な措置を講ずる努力義務が課され
ます。

(3) 勧告（同法9条3項）

　都道府県知事は、急傾斜地崩壊危険区域内における急傾斜地の崩
壊による災害を防止するために必要があると認める場合、当該急傾
斜地崩壊危険区域内の土地の所有者、管理者又は占有者、その土地
内において同法7条の制限行為を行った者、当該急傾斜地の崩壊に
より被害を受けるおそれのある者等に対し、急傾斜地崩壊防止工事
の施行その他の必要な措置をとることを勧告することができるとさ
れています。

3　指定された場合のメリット

　急傾斜地の崩壊防止のための工事は、当該土地の所有者が自らの費
用負担において実施するのが原則ですが、急傾斜地崩壊危険区域のう
ち、一定の要件を満たすものについては、自治体の費用負担において、
工事が施行されます。すなわち、都道府県は、急傾斜地崩壊防止工事
のうち、制限行為に伴う急傾斜地の崩壊を防止するために必要な工事
以外の工事で、当該急傾斜地の所有者、管理者若しくは占有者又は当
該急傾斜地の崩壊により被害を受けるおそれのある者が施行すること
が困難又は不適当と認められるものを施行するものとされています
（同法12条1項）。

　どのような要件により、工事が実施されるかは、都道府県により異
なりますが、おおむね、急傾斜地が一定の高さであること（5メート
ル又は10メートルの場合が多いようです）、被害想定の家屋が一定数
あること（5戸又は10戸の場合が多いようです）を要件としています。

　ただし、都道府県は、工事により著しく利益を受ける者がある場合

においては、その利益を受ける限度において、その者に、当該都道府県営工事に要する費用の一部を負担させることができるとされています（同法23条）。

　もっとも、住民が費用の一部負担をすることはあまり多くないようです。

4　その他

　急傾斜地崩壊危険区域であることを表示する標識が設置されます（同法6条）。

　急傾斜地崩壊危険区域であることは重要事項説明の対象となります。

2 復興まちづくり支援・防災・都市計画

地域防災計画に基づき、地域ごとのハザードマップなどを作成するためには、どのような方法がありますか。

A ハザードマップは、予測される災害の発生地点、被害の拡大範囲と程度、避難経路や避難場所などの情報を検討し、地図上に示していくという方法でつくります。技術士や建築士といった専門家の支援を受けるとよいでしょう。

解説

　土砂災害警戒区域（土砂災害防止法施行令2条）、いわゆるイエローゾーンに指定された場合、市町村は、地域防災計画に基づき、土砂災害のおそれがある場合の避難地に必要な情報を住民に周知徹底させるため（災害対策基本法7条3項）、それらの事項を記載したハザードマップ等の印刷物を配布する等、必要な措置を講じることとなっています（同法4、5、42条等）。

　広島では、土砂災害警戒区域の指定が遅れていたため、技術士や建築士等の専門家の支援を受けながら、自主防災会が中心となって、ハザードマップをつくった地域があります。地域の自主防災会が自主的にハザードマップを作成すると、地元の住民の目線で作成されるため、より使いやすいハザードマップとなることが期待できます。

第2部・2　復興まちづくり支援・防災・都市計画

　地方自治体の中には、自主防災のために専門家を派遣したり、専門家派遣事業を設けているところがありますので、これらを利用して専門家の支援を受けられるか検討してみてください。

　また、国土交通省のホームページには、「水害ハザードマップ作成の手引き」や「まるごとまちごとハザードマップ実施の手引き〈第2版〉」等が掲載されていますので、ご参照ください。

砂防事業を実施するために、工事用道路を拡幅するとのことです。補償はありますか。また、補償の金額に納得できない場合、どのような方法がありますか。

 砂防事業を実施するための工事用道路拡幅における用地取得に対して、補償はあります。

　用地取得に対する補償の金額は、周辺地域の取引事例等の一定の基準に従い、提示されます。そこで、金額に納得できない場合、金額を上げてもらうよう交渉するか、合意に至らない場合には交渉を打ち切り、収容等の手続で解決を図ることになります。

解説

　砂防事業を実施する際の工事用道路として、①砂防堰堤工事や地滑り対策として必要な工事用道路、②砂防堰堤完成後に同施設を管理するために必要な道路の2つが考えられます。

　国土交通省の一般的な運用として、前記①の道路については地主と借地契約を締結することで、前記②の道路については地主と売買契約を締結することで用地使用権限を取得しています。

　これらの契約締結における支払金額（補償金額）について、国土交通省内部では、近隣地域の取引事例等に基づいた一定の基準を設けているようです。行政は公平性を重視する傾向にあるので、基準を大幅

に超える金額での賃貸借契約、売買契約は事実上難しいです。

　そのため、弁護士としては、相談者に対し、粘り強く交渉するよう助言するほかありませんが、一定の基準が存在することを現実的な問題として指摘せざるを得ないでしょう。

　なお、どうしても補償の金額に折り合いがつかない場合には、土地収用法の規定等により、補償の金額について裁決がなされたり、場合によっては行政代執行等に進むことがあり得るので、弁護士としては、補償の範囲（不動産や立木等）や手続の流れの大枠を把握しておきましょう。

　もっとも、現実としては、一定の基準に基づいた金額で合意に至るケースが多いようです。

Q03 公園をつくりたい、道路を拡張してほしい、安全な集会所を設置してほしい、という地域の要望を実現するために専門家が果たすべき役割としてどのような方法がありますか。

A 地元の自治会などを窓口にして、被災住民の声を受けられる準備をし、早期に住民のニーズを集約し、ニーズによって他士業とともに当該ニーズにどのように対応できるのかを地元住民に提示する方法があります。

司法書士、税理士、土地家屋調査士、技術士などの他士業と連携して、集約した具体的ニーズの実現の可否、方法を住民に提示することをお勧めします。

解説 ─────────────────────────────

災害から1か月程度経つと、災害直後の混乱状態が収まり、次第に被災者から中長期的な復興計画の要望が出てくるようになります。その場合、弁護士などの専門家が地元住民の要望に対して、法的知識を提供できる場面は多いと思われます。ただし、何より大事なのは地元住民の声を集約できる窓口となる地元自治会などと災害直後から良好な関係を築いておくことになります。

また、住民からのニーズに応えられるように、平常時から他士業と連携できる関係を築いておかないと、災害発生後から住民のニーズに十分に回答することができません。

第2部・2　復興まちづくり支援・防災・都市計画

　災害に備える意味でも平常時での他士業との連携は非常に重要です。

　また都市計画学会などに参画している学者や建築士などは、これら
の分野に造詣が深い方も多いため、連携を提案してみるのもよいで
しょう。

住んでいた場所には怖くて戻りたくないが行政は土地を買い取ってくれないという相談者のために、何かよい方法はありませんか。

 移転促進区域内の土地又は公共事業用地として買取りの対象としてもらうよう、行政に働きかけを行うことが考えられます。

解説

　行政が個人の土地を買い取るためには、公費を支出するだけの理由が求められますから、個人的に住んでいた場所に怖くて戻りたくないというだけでは、行政が個人の土地を買い取ることはできないでしょう。

　もっとも、相談者の住んでいた土地が防災集団移転促進事業の移転促進区域に指定されるのであれば、行政による買取りの対象とすることは可能です。防災集団移転促進事業は、「防災のための集団移転促進事業に係る国の財政上の特別措置等に関する法律」に基づき、災害が発生した地域又は災害危険区域のうち、住民の居住に適当でないと認められる区域（移転促進区域）内にある住居の集団的移転（10戸以上（移転しようとする住居の数が20戸を超える場合には、その半数以上の戸数）の規模であることが必要です。なお、東日本大震災、新潟県中越地震被災地については5戸以上等に緩和する特例があります）を促進するため、国が当該地方公共団体に対し事業費の一部補助を行い、防災のための集団移転の促進を図るものです。市町村は、移転促

第2部・2　復興まちづくり支援・防災・都市計画

進区域の設定、住宅団地の整備、移転者に対する助成等について、国土交通大臣に協議しその同意を得て、集団移転促進事業計画を定めます。

　したがって、相談者の居住地域に多数の移転希望者がいるようであれば、防災集団移転促進事業の適用を求めて、行政に働きかけを行うことが考えられます。

　また、相談者の土地を含む周辺地一帯を公共事業用地として利用可能であれば、行政が買取りを検討するかもしれません。公共事業用地として利用可能と考えられる場合には、具体的な公共事業（例えば公園整備）の必要性を検討し、行政に働きかけを行うことが考えられます。

　以上のとおり、移転促進区域内の土地又は公共事業用地として買取りの対象としてもらうよう、行政に働きかけを行うことが考えられますが、まずは居住区域の住民の意見を集約し、行政の担当部署と協議の場を設けてもらうことが重要です。協議の場を設けてもらえたとしても、事業化までこぎつけるのは簡単ではないと思いますが、粘り強い交渉が求められます。

245

Q05 復興まちづくりについて、被災地域の相談を受けた場合、どのように行政と交渉することが望ましいでしょうか。

A
まちづくりの合意形成に向けての専門家の役割として関与し、住民の意見をまとめて要望書のような形で申入れを行うことが考えられます。

解説

　行政が作成した復興まちづくり（復興計画）について、被災地住民の方の納得や協力が得られなければ、復興事業が円滑に進まず、復興が遅れ、事業が終了しても住民が戻らず、誰のためのまちづくりかわからないという状況が生じかねません。復興まちづくりにおいて最も重要なことはその「まち」で暮らすこととなる被災住民の意思ですので、その「まち」に暮らすこととなる住民の合意形成のあり方が重要になります。

　復興まちづくりに関与する弁護士としては、被災者の希望や意見を把握し、被災者とともに「まちづくりの基本方針」を定めていくプロセスに加わり、法的なアドバイスをすることや、議論の整理のための助言を行うことなど、合意形成に向けての専門家としての役割が期待されています。

　東日本大震災以降、宮城県気仙沼市唐桑町只越地区の復興まちづくりに関し、移転協議会に弁護士や専門家が参加し、時間をかけて地区の将来について協議・調整し、その結果は市の復興計画に反映されて

第2部・2　復興まちづくり支援・防災・都市計画

います。

　また、平成26年の広島市豪雨災害以降、被災地の町内会の話合いの中で弁護士が調整役となり、意見をとりまとめたうえで復興まちづくり計画への要望書を提出するなどの動きもありました。行政側からも、要望書としてまとまった形で提出してもらう方が対応がしやすいと、好意的な意見を聞くことができました。

　なお、場合によっては弁護士が行政と市民の調整役として活動することが被災者支援に携わる弁護士の活動として期待されています。

第3部
豪雨災害時における被災者支援活動

1 被災者支援活動の基本

 Q01 災害時の法律相談を初めて担当します。災害発生時の法令の基本を教えてください。

A 災害時に機能する法令には様々なものがありますが、弁護士が被災者支援のために法律相談を行う際に重要な法令として、災害救助法、被災者生活再建支援法、災害弔慰金の支給等に関する法律などがあります。

解説

弁護士が被災者支援のために法律相談を行う場合、民法などの一般法の知識が重要なのはいうまでもありませんが、災害発生時特有の法令として特に重要なものには、災害救助法、被災者生活再建支援法、災害弔慰金の支給等に関する法律があります。

災害救助法は、被災者の保護などを目的とした法律で、災害救助法が適用されると、都道府県知事が①避難所及び応急仮設住宅の供与、②炊き出しその他による食品の給与及び飲料水の供給、③被服、寝具その他生活必需品の給与又は貸与、④医療及び助産、⑤被災者の救出、⑥被災した住宅の応急修理、⑦生業に必要な資金、器具又は資料の給与又は貸与、⑧学用品の給与、⑨埋葬、⑩死体の捜索及び処理、⑪災害によって住居又はその周辺に運ばれた土石、竹木等で、日常生活に著しい支障を及ぼしているものの除去、といった救助を行うことができます。

被災者生活再建支援法は、自然災害によりその生活基盤に著しい被害を受けた被災者に対し、被災者生活再建支援金を支給することで、被災者の生活の再建を支援すること等を目的とした法律です。この法律が適用されると、居住する住宅が全壊した世帯に対して基礎支援金100万円（大規模半壊世帯に対しては50万円）が支給され、さらに、住宅を建設又は購入する世帯には加算支援金として200万円、住宅を補修する世帯には100万円、住宅を賃借する世帯には50万円が支給されます。

　災害弔慰金の支給等に関する法律は、災害により死亡した者の遺族に対して支給する災害弔慰金、災害により精神又は身体に著しい障害を受けた者に対して支給する災害障害見舞金及び災害により被害を受けた世帯の世帯主に対して貸し付ける災害援護資金について規定した法律です。災害弔慰金は、災害で死亡した住民が生計維持者の場合には500万円、その他の者が死亡した場合には250万円が遺族に対して支給されます。災害障害見舞金は、災害によって重度の障害（両目が失明した場合や咀嚼及び言語の機能を廃した場合など）が残った場合に、生計維持者の場合には250万円、その他の物の場合には125万円が支給されます。災害援護資金の貸付けは、被災した世帯に対し、最大350万円の貸付けを受けられる制度です。

　法律相談を行う際には、これらの法律の規定について把握しておくとともに、必要に応じて法律や運用について確認する必要があります。

Q02 被災弁護士会の支援のため、被災していない弁護士会で電話相談を担当します。現地の情報などはどの程度、必要でしょうか。

A 当該被災地で、災害救助法、被災者生活再建支援法、特定非常災害の被害者の権利利益の保全等を図るための特別措置に関する法律などの法律が適用されているか確認することが必要です。また、各種公共料金などの支払猶予や減免制度の有無などについても各自治体のホームページ（被災者支援情報）などで確認した方がよいでしょう。

解説

　電話相談では、被災者から、公的支援制度や住まいの再建に関する問題など様々な相談が寄せられます。被災者の相談に適切に回答するためには、災害救助法、被災者生活再建支援法、特定非常災害の被害者の権利利益の保全等を図るための特別措置に関する法律及び災害弔慰金の支給等に関する法律などに基づく各種支援制度の知識が必要です。

　もっとも、災害の規模により、当該被災地に適用される法律が異なります。とりわけ、災害救助法、被災者生活再建支援法については、適用基準の違いから、同一の災害で同様の被害が生じているにもかかわらず、居住する行政区・地域により適用が異なることがありますの

で注意が必要です。平成30年7月豪雨災害では、同一の豪雨災害で同様の被害が生じているにもかかわらず、災害救助法と被災者生活再建支援法の両方が適用された被災地ばかりでなく、災害救助法あるいは被災者生活再建支援法のいずれか一方しか適用されなかった被災地も存在しました。そのため、被災者に支援制度の情報提供をするためには、まず、被災地で適用されている支援制度に関する法律を確認することが必要です。

特に、自然災害による被災者の債務整理に関するガイドラインは災害救助法が適用される災害でなければ利用できませんので、災害救助法の適用がない被災地の被災者に情報提供しないように注意する必要があります。

また、過去の災害では、被災自治体が、義援金の配分のほかに、生業の支援や住まいの再建などのために独自の支援制度を設ける例もありますので、確認した方がよいでしょう。

さらに、各種公共料金やNHKの受信料の支払猶予や減免、金融機関の返済猶予や保険料の支払猶予なども行われておりますので、このような情報も確認しておいた方がよいでしょう。

このような情報は、内閣府のホームページや被災自治体のホームページなどで確認することができます。

なお、災害発生直後には適用されていなかった法律が、しばらくして適用になるというケースもありますので、注意が必要です。義援金に係る差押禁止等に関する法律などは災害発生後しばらく経って特別法が制定されることもありますので、継続的に情報収集をすることが重要です。

第3部・1 被災者支援活動の基本

Q03 「自然災害による被災者の債務整理に関するガイドライン」(被災ローン減免制度)って、何ですか。

A 「自然災害による被災者の債務整理に関するガイドライン」は、自然災害の影響により、災害以前からの債務を負ったままでは生活や事業の再建が困難となった個人のために、新たに策定された債務整理の準則です。

解説

　弁護士会ではこの制度を「被災ローン減免制度」と呼ぶことが多く、各種告知などでもこの呼び方を使うことが多いため、本稿でもそのように呼ぶこととします。

　自然災害は、個人の経済生活にも多大な影響を与えることがあります。例えば事業者ですと、工場が損壊し再建したいものの、既存の債務を負ったままでは再建資金の借入れができない場合もあるでしょう。また、個人においては、住宅が損壊し再建したいものの、既存の住宅ローンを負ったままでは新たな住宅ローンの借入れができない場合もあるでしょう。

　こうした「二重ローン問題」は以前より問題とされてきたため、東日本大震災後の平成23年8月22日、被災ローン減免制度の前身となる「個人債務者の私的整理に関するガイドライン」が施行され、平成30年11月30日までに1369件の債務整理の案件が成立しました。被災ロー

ン減免制度はこのガイドラインを引き継いで策定されたため、制度の枠組みや手続の流れなどについては、ほぼ同様のものとなっています。

なお、被災ローン減免制度は「ガイドライン」であるため法的な強制力はありませんが、その策定には全国銀行協会をはじめ国内の主要な金融機関の団体が関与しているため、事実上は本制度に則った債務処理が行われると考えられます（実際に、東日本大震災の際の「個人債務者の私的整理に関するガイドライン」においても、おおむね混乱なく制度の適用が行われていました）。

次に、被災ローン減免制度を利用できる場合について述べます。

まず、平成27年9月2日以降に発生した災害救助法適用の自然災害に適用があります。すべての自然災害に適用があるわけではないことにご注意ください。

次に、当該自然災害発生以前の債務について適用があります。災害発生後に生じた債務については適用できません。もっとも、災害発生前の債務と災害発生後の債務の両方を負っている人が、災害発生前の債務についてのみこの制度を利用することは可能です。

次に、個人債務者のみに適用があります。法人については適用がありません。

最後に、当該自然災害の影響により、債務を弁済することができなくなったか、近い将来において債務を弁済することができないことが確実と見込まれることが必要となります。

主な条件としては、以上のようなものになります。

次に、本制度の効果、ないしは本制度を用いるメリットについて述べます。

まず、当然のことですが、本制度の利用により、災害以前からある債務がなくなったり、減額されたりします。

第3部・1　被災者支援活動の基本

　次に、破産等とは異なり、本制度を利用したことによっては、信用情報に登録されないことが挙げられます。信用情報に事故情報が登録されると新たな借入れが困難となり、生活や事業の再建に支障を来す可能性があるからです。

　次に、原則として、保証人は保証履行を求められません。住宅ローンなどでは連帯保証人がいることが多いため、連帯保証人に迷惑をかけないためにこの制度の利用をためらうといった事態が生じないようにするためです。なお、実際の制度の運用においても、ほとんどの場合保証人への請求は行われていないようです。

　次に、本制度はいくつもの手続を経て成立するのですが、その手続の全般において、登録専門家（多くの場合弁護士）による手続支援を無料で受けることができます。

　次に、破産等の場合と比べて、手続成立後に手元に残せる財産（自由財産といいます）の上限枠が大きめに設定されています。場合によっては、数百万円の財産がそのまま手元に残ることもあり得ます。

　最後に、破産等の場合と同様に、本制度の利用による債務免除益は、所得税法上、各種所得の金額の計算上、総収入金額に算入されません。

　主な効果やメリットは以上のようなものになります。

　次に、本制度の手続の流れについて述べます。

　本制度の手続の流れは複雑ですのですべてをここで述べることはできないのですが、まず、本制度を利用しようとする債務者は、主な債権者（例えば住宅ローンを借りている銀行）に対し、本制度を利用することを申し出なければなりません。まず債務者が動かなければなりません。これに対し、債権者が本制度の利用に同意すると、本制度を利用することができます（なお、この時点で銀行等が同意を拒否する事例は、これまでのところほぼ見当たらないようです）。債権者の同

257

意の後、債務者が弁護士会等に支援を求めると、登録専門家が選任され、債務者を支援しつつ手続を進めていくことになります。

そして、債務者と債権者との間で債務整理の内容が整った後に、（登録専門家の支援を受けながら）債務者が簡易裁判所に特定調停を申立て、ここで調停成立すれば、本手続は終了です。

手続に要する時間については、必要書類収集や債権者との協議の進展の具合にもよりますが、半年から1年間程度を要するものと見込まれます。なお、本制度の利用を全債権者に通知した後は、債務者は債権者に対する弁済を一時停止してよいことになっていますので、安心して本制度の手続を進めることができます。

最後に、本制度は自然災害における個人の経済的再生に極めて重要な役割を果たすことが期待されていますが、その制度設計は複雑です。わからないことがありましたら、最寄りの金融機関や弁護士会などの法律専門家にご相談されるのがよいでしょう。

また、本制度の関連ホームページを掲げておきます。

・一般社団法人自然災害被災者債務整理ガイドライン運営機関
　http://www.dgl.or.jp/
・一般社団法人全国銀行協会の自然災害による被災者の債務整理に関するガイドライン説明ページ
　https://www.zenginkyo.or.jp/abstract/disaster-guideline/

「自然災害による被災者の債務整理に関するガイドライン」（被災ローン減免制度）を利用すると、連帯保証人に請求されますか。

原則として請求されません。

解説

　自然災害による被災者の債務整理に関するガイドライン（以下、「自然災害債務整理ガイドライン」という）8項(5)は、対象債権に保証人がついている場合でも、「主たる債務者が通常想定される範囲を超えた災害の影響により主たる債務を弁済できないことを踏まえて、……、保証履行を求めることが相当と認められる場合を除き、保証人に対する保証履行は求めないこととする」と規定しています。この点について、同ガイドラインのＱ＆Ａでは、「主たる債務者が通常想定される範囲を超えた災害という不可抗力により、主たる債務を履行できないことを考慮すると、その保証人に不測の負担を強いることがないように」と説明されています（Ｑ8－13）。つまり、原則として保証人に対する保証履行は求めないこととされており、例外的に保証履行を求めることが相当と認められる場合に限り保証履行が求められることになっています。

　保証履行を求めることが相当か否かは、①保証契約を締結するに至った経緯、主たる債務者と保証人の関係、保証による利益・利得を得たか否か等を考慮した保証人の責任の度合い、②保証人の収入、資

産、災害による影響の有無等を考慮した保証人の生活実態、という事情を考慮して決することになっています（自然災害債務整理ガイドライン8項(5)）。

　しかし、自然災害債務整理ガイドラインは、東日本大震災に関連して策定・公表された「個人債務者の私的整理に関するガイドライン（以下、「私的整理ガイドライン」という）の運用を参考とするところ（自然災害債務整理ガイドライン10項(4)）、私的整理ガイドラインでは、保証人に対して保証履行が求められた例はほとんどありませんでした。日本弁護士連合会災害復興支援委員会が私的整理ガイドラインの登録専門家経験者に対して行ったアンケートによると、連帯保証人がいた事案の97％で連帯保証人の債務も免除されていました（2018年4月11日付日本弁護士連合会災害復興支援委員会作成の「個人債務者の私的整理に関するガイドライン」に関するアンケート調査報告書）。このアンケート結果からも明らかなとおり、保証人に対して保証履行が求められる場合は、非常に例外的な特殊事情がある場合に限られるといえるでしょう。

第3部・1　被災者支援活動の基本

Q05 ボランティア保険とは、どのようなものでしょうか。

A ボランティア活動中に、自分自身がけがをしてしまった場合（食中毒、熱中症なども含む）、第三者にけがをさせてしまった場合、第三者の物を壊してしまった場合など、ボランティア活動中に生じやすい一定の事故に対して、所定金額の補償が受けられる保険です。

解説

　災害時のボランティア活動で利用する保険は、正式には「ボランティア活動保険」といい、社会福祉協議会で加入することができる保険です。被災地でボランティア活動をする場合には、様々な事故が発生する可能性がありますので、活動中の事故に対する備えとして、まず、ボランティア保険に加入してから活動してください。

　特にボランティアセンターを通じて活動する場合には、ボランティア保険の加入が必要となるので注意してください。被災地のボランティアセンターにおいて、当日加入することもできますが、事前に最寄りの社会福祉協議会で保険加入しておけば、スムーズに活動を始められ、被災地のボランティアセンターの業務も緩和されるほか、自宅から現地までの道のりでの事故も対象となるため、事前に保険加入のうえ、被災地のボランティアセンターに行くことをお勧めします。また、保険適用期間は、加入日から直近の3月31日までですので、その間であれば改めて保険加入する必要はありません。小中学生でも、ボ

261

ランティア活動を行う意思を有していれば加入できるほか（ただし、学校行事としての活動は対象外）、個人での加入であれば印鑑がなくても署名で足りるなど、加入手続は簡単です。保険料は地域によってやや異なりますが、基本プランは350円程度です（平成31年度）。

　もっとも、補償対象となるボランティア活動は、所属するボランティア活動団体等の会則に則り企画・立案された活動、社会福祉協議会に届け出た、又は社会福祉協議会の委嘱を受けた活動となっており、ボランティア活動であればすべての活動が対象となるわけではありません。また、ボランティア活動保険ですので、実費以外の報酬に当たるような金銭を受領する活動についても対象となりません。加えて、ボランティア同士の賠償事故について、相手が配偶者や同居の親族であるなど一定の関係がある場合には、補償の対象とならない場合もあるため、ご家族でボランティア活動をされる場合に、お互いをけがさせるということがないように気をつけてください。その他にも、補償を受けることができない場合や補償範囲などについて、細かく定められていますので、詳細は、お近くの社会福祉協議会にお問い合わせいただくか、ボランティア活動保険のホームページ等をご参照ください。

2 被災地での支援

 災害発生後それほど間がない時期の被災者支援で留意すべきことは何でしょうか。

 支援活動が被災者の方の負担とならないようにすることを心がけるとともに、支援に当たっては、被災者の方々の心情・状況に配慮し、被災者の方々の希望を失うことのないよう心がけましょう。

解説

1 被災者の方々がおかれた状況に配慮する

　災害発生直後、被災者の方々は、災害による被害や避難という異常事態によって疲弊するのみならず、様々な情報が錯綜したり、多種多様な支援者に対応しなければならないこともあるため、その情報整理等にも疲弊してしまうことがあります。

　支援活動はあくまで支援者の責任において行うことが原則です。支援活動が被災者の方々の新たな負担とならないよう、十分に配慮しましょう。例えば、法律相談を行う場合は、使用する施設・場所等は、相談を行う弁護士（会）の責任で手配すべきです。東日本大震災の際は、避難所等の電力を支援者が利用する必要のないよう、パソコン・スクリーン等によって説明するのではなく、持参した紙芝居での説明を行うなどの工夫がありました。

263

2 簡潔・迅速な情報提供を心がける

　弁護士の支援活動の役割の１つとして、正確な情報を適時適切に提供することが挙げられます。発災直後は、自治体等も様々な業務があるため、法律相談の申出をしても、「まだそのような段階ではない」と断られてしまうこともあります。しかし、過去の災害時でも、被災直後から相談にはニーズがあることがわかっていますし、情報が錯綜する被災直後だからこそ、正しい情報を提供するという弁護士の支援活動は大きな意味を持ちます。支援活動はできる限り迅速に開始し、迅速な情報提供を心がけましょう。

　他方で、被災者の方々は、混乱する状況の中で、錯綜する情報から自分に必要かつ正しい情報を取捨選択することが必要となります。被災者の方々にわかりやすい情報提供方法を工夫する必要があります。東日本大震災の際に、岩手弁護士会が作成・配布した「弁護士会ニュース」はその一例といえるでしょう。

3 支援活動の敷居を下げる工夫を

　「弁護士」「法律相談」という存在は、一般市民にとって決して身近な存在ではありません。また、非常時である災害時に、被災者自身が、自らの悩みに「法律」が関連するかどうかを判断することは大変難しいことです。そこで、「なんでも相談」「困りごと相談」といった名称で、相談の間口を広げたり、他士業とのワンストップ相談を実施することで、被災者の方の不安を和らげることもできます。また、発災直後の場合は、むしろ、相談の場をオープンにしておく（通常の法律相談のように、個室等のスペースで行わない）ことで、多くの被災者の方に来てもらえることもあります。

　また、活動の際の服装等についても注意しておく必要があります。避難所にスーツ等で臨んで行っても、避難という異常事態に直面して

いる被災者の方々を構えさせてしまいます。さらに、発災直後は多種多様な「支援者」が避難所等に来訪するため、本当に信頼してよい支援者なのか、不安に思われることもあります。東日本大震災の際には、「弁護士」と記載されたビブス等を着用したり、弁護士会のマスコットキャラクター等を付したジャンパー等を着用することで、「弁護士」という存在を知ってもらい、被災者の不安を和らげた例もあります。

4 被災者の訴えを傾聴し、希望を与える

発災直後という混乱状況の中では、自らの悩みや苦しみを言葉にすることすら難しい方々も多くいます。質問を時間内にさせようと焦らせたり、簡潔に質問をまとめようとせず、まずは被災者の方々の訴えに耳を傾けましょう。

災害時の相談の中には、法律がそもそも想定していなかった側面や、行政の運用等の問題など、一義的に回答が出せないものも少なくありません。そういった相談に、「私はわかりません」「それは法律ではできません」などと、すべてを否定してしまうことは、やっとの思いで相談に来られた被災者の方の悩み・苦しみを深くしてしまいます。法律等が想定していなかった事態は、後で法改正・特別法制定などによって対応できる場合もありますし、災害時の相談内容は、重要な立法事実になります。「それはおかしいので、弁護士会の中でも対応を協議してみますね」「同じように困っている方がたくさんいらっしゃると思うので、話をしていただいてありがとうございます。あなたの声は、弁護士会の中でも共有します」などと、訴えを真摯に受け止めることが必要です。

Q02 被災者に有益な情報を提供するために、効果的な方法はありますか。

被災者が求めている情報や適切な情報提供の方法は、被災状況、被災者の避難状況・属性、被災者の情報へのアクセス、被災時からの時間の経過によって変わっていきます。状況・段階に応じて適宜情報提供のあり方を検討していく必要があります。

解説

1 災害発生後の情報提供の必要性

災害の場合、避難所や行政窓口は混乱していることが多く、被災者のニーズを把握し、有益な情報を提供することは容易ではありません。そのため、弁護士会として情報提供を行うことは、被災者支援方法としても重要です。

また、災害後の時間の経過により、被災者が求める情報は刻一刻と変わっていきます。適時に適切な情報提供ができるよう、継続的に取り組んでいく必要があります。

2 情報提供媒体として考えられるもの

チラシ等の紙媒体や、テレビ・新聞・ラジオ等のマスメディアを利用するほか、弁護士会のホームページ、行政を通じた情報提供などが考えられます。

どの手段が適切かは、被災状況、災害の規模、提供すべき情報の量などによっても異なってきます。電気が通じる場合や、インターネッ

第3部・2　被災地での支援

ト環境に支障がないときは、迅速に情報提供の必要がある場合に、携帯電話で閲覧できるホームページ、ＳＮＳ（Twitter、Facebook等）などのインターネット上での情報発信は、情報が短期間に広がりやすく有益です。災害の影響で電気・回線が通じなかったり、充電等に支障がある場合、高齢者が多い地域等インターネット環境が十分ではない場合や、多くの情報を一度に提供する必要がある場合などは、紙媒体での情報提供の方が効果的でしょう。

　また、行政機関は多くの被災者の情報を持っているので、配布を依頼できると有益ですし、各種支援団体に個別配布してもらうことも検討されるべきでしょう。

　被災者にとって必要な情報が、適時適切に、多くの被災者に伝わるような情報提供方法を検討する必要があります。

3　発信する情報の内容

　発信する情報としては、法的事項に限る必要はありません。①公的支援の制度の紹介、②公的支援や保険等の問い合わせ窓口案内、③将来の請求に備えて現状の写真を残すよう注意喚起することも有用です。

　被災者向け法律相談が実施される中で、相談の多い事項などについて継続的に情報提供することも必要です。なお、法律相談の分析については、自身で難しいときは、日弁連や所属弁連、他会などの協力を得ることもできます。

　関弁連では、被災者支援チェックリストを作成しており、コンパクトに災害時の支援情報がまとまっていますので、参考になるでしょう。このチェックリストについては、各会用に改変することも可能です。

4　過去の実例

　東日本大震災では、制度等をコンパクトにまとめて紹介した「岩手弁護士会ニュース」が被災者らに配布され、有益な情報を届けていま

した。避難所・仮設住宅では、紙芝居方式での説明が実施され、多くの被災者に向けてわかりやすい情報提供を可能にしました。

　福島原発事故の際は、賠償指針が公表された直後に、各地で指針の説明会を開催したところ、非常に多くの被災者が集まりました。

　広島市豪雨災害では、「広島弁護士会ニュース」が被災者らに配布されました。

Q03 複数の自治体が被災しましたが、被災自治体ごとに取扱いの異なることがあるようです。どうすればよいでしょうか。

A 災害救助法上の各種救助に係る取扱いの相違（格差）を解消するためには、被災者・被災者の親族・関係者・被災自治体住民・支援団体・各種専門家団体等から、被災市町村に対し、繰り返し情報提供をして、各種救助の措置を強く促すこと、また、被災地の都道府県知事に対し応急措置を促し、さらには、都道府県知事や国等に対し応援・派遣・代行等を強く促すこと、特に、災害救助法上の特別基準による救助の措置を強く促すことです。

また、災害対策基本法等、災害救助法上の各種救助以外にも様々な取扱いの相違（格差）が生じますので、それぞれの取扱いの相違（格差）に応じた対策・措置を被災自治体等に促すことが必要です。

解説

1　格差の整理

本設問の「取扱いの相違」を発災後の「支援格差」としてとらえるとすれば、対策を検討する前提として、格差の内容を整理する必要があります。また、救助段階・復旧段階と復興段階では、格差の対象となる制度が異なりますので、以下のとおり、これを踏まえた整理が必

要となります。

(1) 救助・復旧期の格差

① 災害救助法上の各種救助に係る格差（災害救助法4条）

特に

・被服、寝具その他生活必需品の給与又は貸与

・炊き出しその他による食品の給与及び飲料水の供給　等

② 災害対策基本法上の応急措置に係る格差

特に

・ボランティアセンターの設置、ボランティアの活動（同法5条の
　3等）

・罹災証明書の発行（同法90条の2）　等

③ 各種支援制度上の格差

特に

・被災者生活再建支援金の申請・受付・支給体制　等

④ ①～③を通しての地域間格差

(2) 復興期の格差

特に

・復興事業の手法に係る格差

・地域間格差

・被災者の属性に係る格差（特に、在宅被災者・高齢者・障がい者
　等）

2　東日本大震災の経験を踏まえて－格差解消の対策

(1) 予防段階の対策

・自治体にて各種格差が発生することを想定した地域防災計画を作
　成し、防災訓練等を介して知識の整理・経験の蓄積をし、発災に
　備える必要があります（災害対策基本法42条〔市町村地域防災計

画〕等)。

・資材・食料等の備蓄を十分にし（同条）、発災後速やかに被災者に手渡せるように備える必要があります。

・情報収集・伝達の仕組みの構築（同条）：部署間の情報共有や、自治体から支援団体・専門家団体等に対する情報提供と活用が進められるように、備える必要があります。被災者の所在や被災判定・応急仮設住宅の利用や支援金の利用に関する情報等、各種情報が自治体から支援団体や支援に係る専門家団体等に提供されることによって、きめの細かい支援活動が可能となりますので、個人情報保護条例や運用基準の整備の必要があります。

(2) 救助・復旧期の格差解消の対策

・(1)の予防段階の対策を踏まえ、格差が生じないように救助措置等がなされる必要があります。

・被災自治体による応急措置等が困難な場合に備えて、他の市町村長等に対する応援の要求、都道府県知事等に対する応援の要求等、災害派遣の要請の要求等、内閣総理大臣による応援の要求等、災害対策基本法上の制度が活用される必要があります。

・被災自治体がボランティア団体や支援団体・専門家団体に情報を適宜提供し、適切な連携を進めることにより、自治体のマンパワーの不足を解消できたら望ましいところです。

(3) 復興期の格差解消の対策

・復興事業に係る知識・経験を発災前から備える必要があります。

・集落内、世帯ごと、世帯内の復興方針に係る意思形成を速やかに進めるために、発災前から備える必要があります。

・自治体のマンパワーの不足について：東日本大震災後、主として専門職の不足を補充するため、自治体間の派遣等の制度が災害対

策基本法に追加されました。派遣職員を適所適材で活用できれば、被災自治体による復興事業が迅速に進むことになります。

・法制度の硬直性について：例えば、「民有地の所有者の確定→測量等→買上げ（担保取消）」の各段階の制度や、土地区画整理事業自体が、平時を想定していること（早期の完成を想定していないこと）を踏まえ、発災後の手法の選択段階で創意工夫する必要があります。

3　参考文献

・災害救助実務研究会編『災害救助の運用と実務』第一法規

・防災行政研究会編『逐条解説災害対策基本法〈第三次改訂版〉』ぎょうせい（2016）

・みやぎ震災復興研究センター編『東日本大震災　100の教訓』クリエイツかもがわ（2019）

第3部・2 被災地での支援

 Q04 被災地での法律相談を実施しようと思いますが、どのような形で広報するのが効果的ですか。

A 相談の形態としては、無料電話相談の実施、法律相談センターでの災害相談の無料化、避難所や被災地の公民館等での出張相談が考えられます。広報のやり方としてはマスメディアを通じた広報、公共団体やボランティア団体を通じた広報、SNSを利用した広報等が考えられます。

解説

　法律相談の形態としては、無料電話相談の実施、法律相談センターでの災害相談の無料化、避難所や被災地の公民館等での出張相談が考えられます。

　ただし、「法律相談」という名称を使用すると、被災者の方が、ご自身のお困りごとが「法律」に関連するかどうかをお悩みになり、悩んだ結果、相談を控えるということもあり得ますので、「生活なんでも相談」若しくは「困りごと相談」といった親しみやすい名称にした方がよいと思われます。

　被災直後は被災者の方は相談所に赴くだけの時間的、精神的余裕はなく、できるだけ早く無料電話相談を実施することが被災者支援に役立ちますので、無料電話相談の体制は早期に立ち上げた方がよいでしょう。

　広報の仕方としては、被災後間もない時期は、テレビの災害情報の

273

テロップで情報を流してもらうことが効果的です。地元のテレビ局やラジオ局に依頼し、広報をしてもらうことも検討してください。弁護士会の被災者支援活動計画につき、記者会見を行うことも効果的です。新聞等に相談会の計画等について掲載してもらえる可能性があります。近年は、Twitter、Facebook等のＳＮＳを利用した広報も、多くの方々に情報を届けるという意味で非常に効果的です。弁護士会の公式ＳＮＳがあるようであれば積極的に利用しましょう。

　避難所で出張相談を行う際には、公共団体やボランティア団体を通じて広報をしてもらうことが効果的です。弁護士会にて弁護士会ニュース等を作成しているようであれば、同ニュースを持参し、公共団体やボランティア団体と連携して、配布や掲示の協力をいただくことが効果的でしょう。

　大きな被害に遭われた被災者は、被災地を離れ避難されていることがあります。このような方たちに相談会等の広報をするためには自治会を通じて行う方法（被災から時間が経つと地域の方たちが離れ離れになり、連絡がとれなくなる危険が出ますので、できるだけ被災から早い段階で名簿を作成しておく必要があることを自治会長等にアドバイスをするとよいと思われます）と、行政が住宅借上制度や義援金等の関係で避難先を把握していることもあり、行政を通じてホームページ上で告知したり、相談会の案内を発送してもらう方法、及びＳＮＳを利用しての広報が考えられます。

第3部・2 被災地での支援

Q05 法律相談に出かけていきましたが、税金や境界の問題などが多く寄せられ、弁護士だけでは相談対応が困難です。何かよい方法はないでしょうか。

A 災害時の相談は、弁護士だけでは答えることができない問題が少なくありません。そのため、できれば、相談会を行う前にあらかじめ他士業と連携をとり、合同で相談会を行うことが望ましいといえます。

このような合同での相談会が実施できない場合、相談者から寄せられた税金や境界等の相談に無理に答えようとしても、基本的な知識の不足に加え、特別措置法や運用の変更等によって、誤ったアドバイスをしてしまう可能性があります。したがって、弁護士だけでは対応が困難な場合は、いったん持ち帰って税理士や土地家屋調査士などに確認し、後日回答するのがよいと思われます。

解説

1 士業連携について

災害時、被災者は、たくさんの問題を複合的に抱えています。また、被災者にとっては、自分の抱えている問題が、弁護士が得意とする分野なのか、それ以外の士業が得意とする分野なのかわからないということも少なくありません。そのため、災害時の相談では、弁護士だけでは答えられない問題が寄せられることがよくあります。しかしなが

ら、被災者のためには、できるだけ１回の相談で問題解決の道筋をつ
けるように準備しておいた方がよいことはいうまでもありません。そ
のため、できれば、あらかじめ、弁護士の他に司法書士や税理士、土
地家屋調査士、不動産鑑定士、社会保険労務士、建築士などの複数の
士業が連携し、緊密に意見交換をするとともに、ワンストップサービ
スの合同相談会を実現することが望ましいといえます。

　災害時に前記のようなワンストップサービスを実現するためには、
発災前に他士業連携の枠組みを整えておくことが好ましいといえます。
このような連携が形だけのものではなく、意味あるものとなるために
は、平常時から連携を進めて災害時に備えるとともに、発災後も、被
災者支援の観点から他士業連携を深めていくべきと思われます。

　近畿や東京、仙台、広島などでは、まちづくり支援、被災者支援な
どで他士業連携の団体がありますので、参考にしてください。また、
士業連携の具体的活動内容については、例えば、近畿災害対策まちづ
くり支援機構（旧阪神・淡路まちづくり支援機構）附属研究会編『ワ
ンパック専門家相談隊、東日本被災地を行く』クリエイツかもがわ
（2011年）、同研究会編『士業・専門家の災害復興支援』クリエイツか
もがわ（2014年）などに記載されていますので、こちらも参考にして
ください。

2　他の士業の相談会等について

　前記のような他士業連携による合同の相談会が実施できない場合で
あっても、災害時には、他の士業も相談会を開催していることがあり
ます。また、自治体が、弁護士だけでなく他の士業も招いて相談会を
実施していることもあります。

　そのため、法律相談に行く際には、他の士業の相談会の日程や自治
体主催の相談会に参加している士業等を把握し、相談者をそちらに誘

第3部・2　被災地での支援

導するなど交通整理をしていくことが好ましいと思われます。もっとも、その場合には、相談者に、どの専門家にどのように相談をすればよいのかなどを具体的に説明して、相談者をたらい回しにすることがないようにご留意ください。

Q06 弁護士会としてボランティアセンターを支援したいのですが、手続はどのようにしたらよいでしょうか。

A 自治体や社会福祉協議会、ボランティア団体を中心として結成されるボランティア活動連絡調整会議等に加盟し、平時からボランティアセンターを構成する各団体と連携しておく必要があります。

また、災害が発生した場合には、災害関連ボランティアの情報共有会議に出席し、情報収集のうえで連携を図り、支援することが有益と考えられます。

解説

災害時には、多数の団体からボランティアセンターを支援したいという申入れがなされるため、ボランティアセンターが発災直後に多数の支援団体を受け入れる体制が整わないことが想定されます。

そのため、平時からボランティアセンターを支援できる枠組みに加入しておく必要があります。

ボランティアセンターは、自治体、社会福祉協議会、ボランティア団体を中心とする各団体によって構成されます。多くの場合、社会福祉協議会が中心となって平時から災害時におけるボランティア連絡調整会議等の連絡機関を設置しており、発災時には、それらの機関によってボランティアセンターが設置されます。

第3部・2 被災地での支援

　平時に前記の連絡機関に加盟していれば、ボランティアセンターの立ち上げと同時にボランティアセンターの構成団体として招集されることになります。

　ただし、発災直後に必要とされるボランティアの内容は、法律相談ではなく、ボランティアセンターの運営に関わる業務（現場作業、ボランティアの受付、ボランティアのマッチング、電話対応、情報収集、資料の作成等）が想定されます。

　弁護士会として相談支援を実施する場合は、被災状況、相談ニーズ、時期、場所等をボランティアセンター等と十分に協議して実施する必要があります。

　広島では、士業14団体で構成する広島県災害復興支援士業連絡会を設立し、平時からボランティア活動連絡調整会議に参加していたため、弁護士会も士業連絡会の一員としてボランティアセンター設立時から支援することができたとのことです。

　弁護士会として発災直後からボランティアセンターを支援するため前記のようなボランティア団体の連絡調整会議に平時から参加しておくことが有意義と思われます。

　なお、災害が発生した場合、災害関連のボランティア団体や関連団体の情報共有会議が開かれることがあります。同会議には、各ボランティア団体のほか、自治体担当者、社会福祉協議会、日本赤十字等関連団体担当者が出席し、最新の情報交換がなされます。ここに出席することは、弁護士会が各団体と連携するうえでも、また弁護士会の活動を被災地・被災者に届けるうえでも効果的と考えられます。

279

Q07 自治会の集まりなどに弁護士を派遣したいのですが、日当などの費用を捻出するのが困難です。何かよい方法はありませんか。

A 行政等による専門家派遣の制度を利用することができる場合があります。また、日弁連の災害復興支援基金からの費用援助を要請し、これを派遣弁護士への日当等に充当することも考えられます。

解説

　被災地が復興に向けて落ち着いてきた頃に、自治会等から弁護士会に対して、法律相談会の開催や復興まちづくりの会議などに弁護士を派遣してほしいとの依頼を受けることがあります。

　復興期の被災地においては、現行の被災者支援制度に問題があることによって被災者が取り残されていく事例や、地域としての復興に向けて住民間での意見が活性化していく場面に接することとなります。

　前者の場合であれば、制度の改正のための立法事実を収集するためにも積極的に相談会等を開催する重要性は高いですし、後者の場合であっても、住民間の意見の集約や行政とのパイプ役を務めるなど弁護士が果たす役割は大きいものといえます。

　これらの場合、弁護士会としては弁護士を派遣する必要があると考えたとしても、支援活動の長期化等により派遣の回数が多くなると、どうしても日当の支払が難しい状況となる可能性があります。

　平成26年8月の広島市における豪雨災害においては、被災地の更地

第3部・2　被災地での支援

の活用方法や今後のまちづくりについて、地元自治会の相談にのる専門家を派遣する制度が設けられました。また、広島市においては、まちづくり計画の実施に伴い、公共用施設や道路、緑化、土地有効利用などのために、住民の議論を整理したり、助言を行ったりする専門家派遣制度も設けられています。他市においても、同様の行政による専門家派遣制度があるかもしれませんので、参考にされるとよいでしょう。

　また、日弁連では、災害復興支援基金を設置しています。災害復興支援基金は、「災害復興支援基金の設置、管理及び支出に関する規則」に基づいて支出されるもので、平成26年8月の広島市における豪雨災害の際の広島弁護士会の活動においては、弁護士派遣にかかる日当等の費用の一部を、同基金から受けた援助によってまかなったことがあります。

281

Q08 NPOなどが弁護士会に対し、自治会の集まりなどに相談要員を派遣してほしいと要請してきています。すべての要請に応える必要があるのでしょうか。

弁護士会として派遣する場合には、ルールをつくって基準を明確にしておく必要があります。

解説

被災地においては、NPO、NGOなど多くの団体（NPO団体等）が活動しており、それぞれのNPO団体等から各自治体での相談会やイベント等に弁護士を派遣してほしいという要望が弁護士会に対して出されることがあります。

すべての要望に応じることは困難ですし、従前つきあいがある特定のNPO団体等のみに派遣をすると、派遣をしなかったNPO団体等から不公平であるとの意見を出されることが危惧されます。

そこで、弁護士会として弁護士を派遣するための明確なルールを設けることが有用です。

平成26年の広島市豪雨災害の際には、広島弁護士会の対策本部において下記のようなルールを策定して対応することとしました。

① NPO団体等は、その素性がわかっていたとしても、これら団体からの要請であれば、弁護士会としては派遣しない。ただし、所属弁護士が個人的に参加することは妨げない。

② NPO団体等に自治会長等と話をしてもらい、自治会からの要

第3部・2　被災地での支援

請という形であれば、弁護士会として派遣を検討する。

③　派遣を検討した結果、どうしても特定の日に相談要因が確保することができない場合には、無理をせず率直にその旨を伝えるとともに、他士業との連携ができている場合には、司法書士会などに派遣の協力を要請する。

　前記の例はあくまで参考ですので、各弁護士会の実情に応じて柔軟かつ明確にルールを策定してください。

　なお、自治会での相談会などは土曜日や日曜日に設定されることも多く、大規模会を除いては、特定の数人の弁護士が休日の相談会を担当することになることも想定されます。息の長い支援活動を行うという観点からも、無理がないように他士業と協働していく体制を構築することも必要と思われます。

Q09 住民の集まりの場などで、法律相談を実施する場合に、相談場所等で留意すべきことはありますか。

A 基本的には、自治会の集会所などで実施することが多いと思われますが、他の住民に相談内容を聞かれたくないといったケースにおいては、個別にプライバシーが確保された場所に誘導することも必要です。

解説

　被災者相談については、できるだけ、被災者の近くへ赴き、被災者の集まりやすい場所で、法律相談を実施するということを心がけるべきです。

　しかし、被災者の集まりやすい集会所等において相談を実施した場合、オープンスペースで相談をせざるを得ないこととなるため、近隣住民がいる場では相談しにくいという方への配慮も必要です。

　広島市豪雨災害においては、特徴として、土砂の流れに沿って被害が発生していることから、被害状況が一定ではなく、1軒隣は半壊の認定だったけれども、自分のところは大規模半壊になっている、といったケースがありました。

　そうした場合、「自分のところだけ、たくさんの公的支援がもらえる」ということを、近隣住民がいる場で話をするのは心苦しいと訴えるケースが散見されました。

　津波のように、ある地域が一括して同程度の被害を被っているケー

第3部・2　被災地での支援

スとは、状況が異なりますので、そのような近隣住民との軋轢などを避けるためにも、プライバシーが確保された場所を適宜用意するということも頭に入れておくとよいでしょう。

Q10 相談会を実施しても、相談者が集まりません。法律相談のニーズがないのでしょうか。

  相談のニーズは必ずあります。大切なことは、どのようにしたら、被災者の方々が相談しやすい環境をつくることができるかという点です。例えば、足湯などをしながら話をすることで、本音を聞き出せることもあります。

解説

これまでの被災地で実施された相談会においては、弁護士が漫然と待っているだけでは、相談件数が伸び悩むことが多いということが実証されています。

弁護士会の相談センターに誘導したり、電話相談を広報することにも、一定の効果はあるのですが、出向いたり電話したりする被災者の負担や「何から相談したらよいか整理して話すことはできないけれど、とても困っている」といった混乱した心境を想像し、こちらから出向くという寄り添いの姿勢も重要です。

この点、東日本大震災や広島市豪雨災害においては、自治会などの集まりの場において、足湯やマッサージなどのボランティアを行っているNPO団体らと一緒になって、「ついでに法律相談もできますよ」といったようなスタイルでの相談会を実施しています。そのほか、みなし仮設住宅に避難している方々の元を、1軒ずつ訪れて、NPO団体が用意していたグッズなどを手渡ししながら、今後の生活再建につ

第3部・2　被災地での支援

いてアドバイスをした例もあります。お身体が不自由な方やご高齢の
方の場合は、ご自宅までお伺いした方がよい場合もあります。

　このような形態の相談では、「法律相談」という言葉を前面に押し
出さず、暮らし全般の悩みごとを聞きながら、被災者のニーズを聞き
取っていくという手法を試みました。被災者の方々が抱えているお悩
みは、いろいろな悩みが複合的に結合しており、「法律」だけで解決
できるとは限りません。まずは、被災者の方のお悩みに、1人の人間
として耳を傾けるということが基本姿勢です。

　自分たちが被災した場合を想定して、どのような形態の相談であれ
ば、心を開いて悩みを話せるかという視点から、できるだけ柔軟な対
応を考えてみましょう。

287

Q11 相談会には、高齢者が多く集まっています。何か気をつけることはありますか。

A インターネットに接続できる環境になく、必要な情報に接することができないために、ストレスをためていらっしゃる場合があります。無用な混乱や軋轢を生むことがないように、説明の仕方及び言葉の使い方には普段以上に気を遣うようにしましょう。

解説

　災害の現場において、行政は、多数の問い合わせに追われています。そのため、個別に説明会を行うことは現実的に難しく、いち早く情報を市民に届けるために、インターネット上（ホームページ、TwitterやFacebookなどのＳＮＳ等）で情報伝達が行われる場合が多いです。

　しかし、このような場合、インターネットに接続できる環境にない高齢者は、行政からの必要な情報が届いていない状態に陥り、そのことでストレスをためてしまいます。また、一部の被災者の中には、行政の初動対応、その後の補償金の多寡について不満を持っており、情報の伝達方法自体に問題があると考えているケースもみられます。

　これらの点に留意するならば、インターネット上で伝達されている情報は、高齢者には届いていない可能性が高いことを前提に、丁寧な説明を行う必要があります。また、勉強会や相談会を行う場合、行政と士業を混同されている方も少なくありません。その場合、行政に対する不満が、士業の方に向けられる可能性もあります。必要な情報に

第3部・2　被災地での支援

ついて丁寧な説明を行うことを心がけ、被災者との間で無用な混乱や
軋轢を生むことがないように、言葉の使い方には普段以上に気を遣う
ようにしましょう。

3 被災地弁護士の体制

Q01 災害が発生した直後、被災地単位会として、どのような組織で、どのような意思決定のルールをつくって対応すると、円滑な支援が可能となるでしょうか。

A 災害が発生すると、膨大な量の業務が発生する可能性がありますので、弁護士会の執行部とは別に、災害対策本部を立ち上げ、そちらで基本的な意思決定と、災害対策の活動を行っていくことが必要です。

――― 解説 ―――

1 例えば、広島弁護士会では、災害対策マニュアルを作成しており、それに基づき組織の設置や、意思決定事項、具体的な業務内容に関することなどを定めています。具体的には大規模災害が発生した場合に、弁護士会会長は、緊急執行部会（会長、副会長）を招集し、災害対策本部の設置を決めます。災害対策本部の構成メンバーは、本部長を弁護士会会長とし、副本部長を災害対策委員会の委員長及び同委員会担当の副会長、対策本部の構成員としてその他の副会長、刑事弁護センター委員長、法律相談センター委員長、各地区会長などが選任されます。具体的な業務を担当するメンバーとして、災害対策委員会の副委員長を事務局長、同委員会の委員や特に本部長が指名する者を事務局員に置くこととしています。以上のマニュアル

第3部・3　被災地弁護士の体制

に従い、平成26年8月20日の広島4号災害においては、緊急執行部会の招集、災害対策本部の設置、引き続いての災害対策本部の開催と、迅速な対応を行うことができました。

　なお、実際に災害対策本部が動き出して以降は、迅速な対応が求められる場面も多く、メーリングリストを利用した意思決定や報告を行うようにしていました。特に被災者向け案内文書、弁護士会内へのボランティア募集や研修等の案内文書作成、二次的な問題意識の共有、被災者支援情報の共有などには、メーリングリストが活用されました。ただし、業務の分担をする場面などでは、メーリングリストは適さないこともあるので、対策本部の会議で決めるべきこととの振り分けを考える必要があります。

2　平時のうちに、災害対策マニュアルなどで、どのように災害対策本部を立ち上げるのかを決めておくことは、極めて重要です。しかし、仮に、このような備えがない場合であっても、災害が発生した場合には、柔軟かつ迅速な対応が求められます。

　釧路弁護士会では、平成28年8月の豪雨災害の際、広島弁護士会のような災害対策マニュアルはありませんでしたが、弁護士会会長の判断により、直ちに、被災地に近い帯広支部の弁護士を中心とする災害対策本部が設置されました。災害対策本部が設置されたことにより、その後の意思決定や被災地の情報集約などを円滑に行うことができました。

3　いずれにしても、災害が発生した場合には、被災地単位会が最初に行うこととして、迅速な対応を可能とする機動的な災害対策本部の立ち上げを検討すべきでしょう。

291

災害時の特殊な法律について、会員に知識がありません。講師派遣や情報提供などで、日弁連と連携する方法はありますか。

 日弁連に対し、研修講師の派遣等を要請することができます。

解説

　災害の経験がない場合は、そもそも、何から始めてよいかわからない場合もあり、初動が遅くなると、適切な被災者支援ができなくなるおそれもあります。

　災害時の活動を経験した弁護士から経験談や、現場で起こり得る法律問題について、情報を収集しておくことは、必要かつ有益なことだと考えられます。

　日弁連に要請をすれば、その災害の性質等に応じて、適切な弁護士が派遣される仕組みとなっています。

　全国弁護士会災害復興の支援に関する規定（日弁連規定といいます）3条には、被災地弁護士会は、災害が発生した場合、「講師等の派遣、書籍及び資料の紹介及び提供、資料の作成、相談結果等の分析その他の被災地弁護士会に対する支援活動」を要請することができる、とあります。

　よって、講師派遣はもとより、災害時の法律相談事例集の送付や、あるいは、相談結果の分析等の作業も要請対象となっていますから、遠慮なく、日弁連に要請すべきです。

第3部・3　被災地弁護士の体制

　なお、これら、被災地弁護士会と日弁連との連携等に関しては、「災害復興支援に関する弁護士会の活動についてのQ&A〈改訂第2版〉」が参考になりますので、手元になければ、日弁連事務局に送付を要請してください（日弁連会員専用ホームページ「書式・マニュアル」からダウンロードが可能です）。

　また、日弁連は、例年、平時における、災害時における弁護士会及び弁護士会連合会の体制整備に向けた研修の実施及び費用補助も行っています。これを利用して、平時においても研修講師の派遣等を要請することができます（費用補助には条件がありますのでご確認ください）。

Q03 豪雨災害について、電話相談窓口を設置する場合、その時間帯の設定や人員の確保、運営などで留意しておくべき事項はありますか。

A 電話相談窓口を設置する場合、昼間の時間帯に設定し、災害発生からしばらくの期間は複数回線準備するとともに、回線の数に応じた複数の弁護士を配置するべきです。人員の確保のために、早期に担当者向けの研修を実施し名簿を備えるとともに、その場で当面の担当者を決定することが、有益です。また、災害発生当初は、災害に対する行政の最新の支援情報を担当者がすぐに手元で確認できるようにしておく必要があります。

なお、平時より予備の回線を保有しておくと、迅速な設置が可能となるでしょう。

解説

土砂災害の場合、被害範囲が比較的限定されるため比較的早期に職場復帰される被災者も多く、仕事の昼休憩の時間を利用するなどして電話相談窓口を利用される方がいます。また、実際に行政機関への手続に際して電話相談を希望される方も多いため、昼間の時間帯に設定することが、被災者のニーズに即しているといえます。できるだけ長時間対応できればよいですが、長時間・複数担当者を配置することは長期的にみて困難が生じる危険性もあるので、無理のない範囲の時間

第3部・3　被災地弁護士の体制

帯を設定してください。

　電話相談窓口開設当初は、広報活動をしっかり行うことでマスコミ等にも広く取り上げてもらいやすく、相談が多くなりやすいといえます。電話が重なってかかってきた際、複数回線備えておかなければ、かけたけどつながらないという被災者の不満につながる可能性もあるので、留意してください。

　担当弁護士の確保のため、災害発生後早期に担当弁護士のための研修を行うなどして、災害時という特殊な場面の対応方法について勉強する機会を設けることが必要です。研修実施後すぐに担当弁護士として登録してもらい、その場で配置を決定するなどの対応をすることで当面の担当者を確保することが可能となります。

　なお、日本弁護士連合会により研修講師の派遣などもしてもらうことが可能ですし、電話相談でかかってきた電話を別の遠隔地に転送するなどして、遠隔地の単位会に協力を仰ぐことも可能なケースがありますので、日本弁護士連合会と協議をして対応してください。

　相談対応を行う際、災害から間がない時期においては、法律的な相談よりも罹災証明書の取得、土砂撤去に関する制度、及び、支援金制度など行政による支援情報を伝えることが被災者に対して有益です。行政による支援情報は日々新しくなり、かつ、自治体ごとに内容が異なることが多いため、相談担当者が、手元ですぐに行政による最新の支援情報を確認できるよう、更新された支援情報や窓口情報を随時掲示しておくなどの準備をしておくことが必要です。

295

Q04 避難所等で法律相談を実施する場合、利用できる制度はありますか。

A 被災者に対する法律相談は無料で実施しつつ、法テラスとの連携や自治体等との事前の災害協定に基づき、担当した弁護士や弁護士会が相談料や実費等を受領できることもあります。また、日弁連の災害復興支援基金を活用することも検討するとよいでしょう。

解説

1 法テラスとの連携

(1) 被災者法律相談援助制度の利用

　大規模災害が発生し、当該災害が激甚災害の指定を受けると、法テラス本部は当該災害を被災者に対する資力を問わない「被災者法律相談援助」制度の対象に指定するかどうかを検討します。そして、対象に指定されると、各地の法テラスは各地域の弁護士会や自治体にその旨のアナウンスを行い、その後の制度実施について協議をする運用になっているそうです。

　なお、直近では「平成30年7月豪雨」がこの制度の対象に指定されました。

　もっとも、この制度で無料法律相談を実施する場合、相談担当弁護士は法テラスとあらかじめ扶助契約を締結している必要がありますので、相談担当者を選定する際には注意が必要です。

(2) 避難所等を新たな指定相談場所として申請したり、巡回相談の

第3部・3　被災地弁護士の体制

場所に避難所等を含めたりする方法

　避難所等での法律相談を実施するに当たり、あらかじめ法テラスに費用負担をしてもらえる制度がないかを相談してみると、弾力的な制度運用により費用負担をしてもらえる可能性が出てきます。

　例えば、法律相談を実施する避難所等をあらかじめ新たな「指定相談場所」として指定するよう法テラスに申請したり、「巡回相談」を企画した段階で、原則として実施の1週間前までに法テラス所定の書式で申し込んだりすることで、相談料や旅費を支給してもらえることもあるそうです（ただし、申請が通るかどうかは様々な要件があり、法テラス内部でも地方と本部との協議が必要となるので、早めに相談するようにしましょう）。

　なお、広島で起きた平成26年8月豪雨の際、広島弁護士会は法テラスと連携して、法テラスの制度をうまく活用できた実績があります。

(3)　ご質問に対する直接の回答からは外れるかもしれませんが、広島の平成26年豪雨災害、西日本を中心とした平成30年7月豪雨、平成30年9月に発生した北海道胆振東部地震などにおいて、各地の弁護士会が実施した「電話による法律相談」に対し、法テラスから「被災者のニーズ調査」名目で一部費用負担をしてもらえた事例があります。

　災害時には様々な機関が被災者支援を検討しますので、弁護士会としても各機関と相談協議をすることが重要です。そのためにも、平時から災害時に備えた相談協議の場を設けるなど、日ごろから関係を築いておくことが大切です。

2　自治体等との災害協定

最近では、弁護士会と自治体等との間で、災害時に備えた協定を締

297

結しておくケースが増えてきました。協定書の内容は様々ですが、弁護士会が避難所等で法律相談を実施したときに、それにかかった実費等の精算について自治体と協議する旨を定めている場合には、自治体と協議のうえ一部実費等を負担してもらうこともあり得ます。

3　日弁連の災害復興支援基金の活用

日弁連の災害復興支援基金については「災害復興支援基金の設置、管理及び支出に関する規則」に定めがあります。

広島弁護士会では、広島市豪雨災害の際、同基金より一定額の支援を受けて被災地自治会などへの弁護士派遣について、その一部を日当などに充当したことがあったそうです。

Q05 災害ADRはどのような場合に設置するべきですか。また、どのように設置すればよいですか。

A 紛争事例によっては、迅速・柔軟な解決に資する災害ADRは、東日本大震災の際などに、活発に利用され、成果を上げています。日弁連では多くの単位会の例を紹介していますので、設置の参考になるはずです。

解説

ＡＤＲとは、Alternative Dispute Resolutionの略で、「裁判外紛争処理手続」と訳されています。要するに、災害ＡＤＲとは、災害に起因する様々な紛争を解決するための弁護士会などが主宰する裁判外の示談斡旋制度のことです。

弁護士会の災害ＡＤＲは、弁護士が中立的立場で、当事者の言い分をよく聞いて、双方に有益と思われる「あっせん案」を提示するなどして、当事者間での自主的な解決、すなわち和解による解決を援助、促進する手続です。弁護士という法律のプロフェッショナルから、当事者双方が事情に応じた的確な法的助言を得ることで、互いに歩み寄り、より円満な紛争の解決を目指そうというものです。

弁護士会が主宰する災害ＡＤＲには、これまで、平成７年の阪神・淡路大震災の際、近畿弁護士会連合会が「罹災都市臨時示談斡旋仲介センター」を開設し、385件の申立てを受け付けた実績、平成23年の東日本大震災の際、仙台弁護士会が震災ＡＤＲを創設し、申立人をサポートする申立てサポート弁護士を設けたり、申立手数料を無料化す

る等の工夫を凝らして、500件を超える申立てを受け付けて、その多くを解決した実績などがあるほか、平成26年8月の広島市土砂災害に際しての広島弁護士会の災害ＡＤＲ、平成28年4月の熊本地震に際しての熊本県弁護士会の震災ＡＤＲ、平成29年7月の九州北部豪雨災害の際の福岡県弁護士会の災害ＡＤＲなどの実績があり、大きな災害を経験した単位会で活発に制度化され、利用されてきました。

　災害ＡＤＲは、裁判手続よりも、気軽に利用でき、迅速、柔軟に対応できる点に特徴があり、紛争事例の中でも、特に、建物の損壊に伴う賃貸借関係上のトラブルや「家の瓦が隣家に落ちた」、「塀が隣地に倒れかかっている」などの近隣のトラブルなどにおいて多くの解決実績を上げています。したがって、大規模な災害が発生して、弁護士、弁護士会に対して被災者から多くの相談が寄せられる事態が生じた場合、災害ＡＤＲは、紛争解決を図る重要なツールの1つとして積極的に活用されるべきであると考えられます。

　多くの弁護士会では、既に一般民事事件について紛争解決センターが設置され、ＡＤＲ制度が整えられている場合も少なくないと思われます。この場合、ＡＤＲに関する弁護士会の規則に、申立手数料や成立手数料の無料化や減免、申立ての簡易化や申立サポート体制、開催場所などについて災害ＡＤＲについての特則を設けることを検討してみてはいかがでしょうか。

　もし、ＡＤＲに関する規則が設けられていない場合、日弁連に問い合わせれば関連するモデル規則案等容易に入手できます。災害ＡＤＲに関する規則案等についても同様です。また、日弁連の災害復興支援委員会では、災害ＡＤＲに詳しい委員の講師派遣等も行っています。ぜひ検討してみてはいかがでしょうか。

4 その他

Q01 災害関連死について、土砂災害特有の検討事項はありますか。

A 土砂には、大量の細菌が含まれている場合があり、体力が低下している方や、高齢者の方への健康被害が懸念されます。また、自宅の土砂を自力で撤去しようとするあまり、疲労が蓄積して突然の体調悪化を来し、死亡に至るケースも散見されますので、災害弔慰金の申請があった場合には、かかる特性を考慮した長期的なスパンでの検証が必要です。

解説

　土砂災害については、水のみならず、山林や河川から大量の土砂が流れ込むケースがあります。土砂には、大量の細菌が含まれていることが多く、身体が土砂に埋まった場合や、土砂が撤去されないまま、長時間にわたり自宅等で生活しているような場合には、肺などの身体機能に影響を及ぼすことがあり、持病が悪化するケースもあります。

　また、被災者自身も、土砂撤去が進まない状況において、環境が悪い中、自ら土砂かきなどを行っていることも多く、想像以上に、体力の低下などを招いていることから、一定期間をおいてから、突発的な脳梗塞や心筋梗塞などを発症する場合もあります。

よって、災害関連死の審査に当たり、弁護士が、法律上の相当因果関係を検討するに当たっては、既往症だけを殊更重視することなく、発災から死亡に至るまでの身体的・精神的負担について十分な検討が必要であろうかと思います。

　なお、土砂災害については、次第に河川等が増水していくという特徴があり、不安ながらも自動車などで帰宅を急いでいる方も多く、河川等の決壊などによって、急遽、身動きがとれなくなるケースも散見されます。

　そして、長時間にわたり救出困難となった場合には、いわゆるエコノミークラス症候群と呼ばれるような血栓症を発症することもありますので、こうしたケースにおいては、当時の客観的な状況の把握が必要になるでしょう。

第 3 部・4 その他

法律相談の記録化には、どのような意義がありますか。

災害の特徴をつかむと同時に、今後、同種の災害が発生した場合の備え、さらには、立法事実の集積による立法提言など、極めて重要な意義があります。

解説

　災害直後は、被災者の元へ赴き、法律相談活動などを実施するのが精一杯で、詳細な記録化が難しい場面もあり得ると思われます。

　しかしながら、相談内容を集約して分析することによって、その災害による被災者の抱えている問題が明らかになるとともに、今後、同種の災害が他の地域において発生した場合に、どのタイミングで、どれくらいの人数の相談員を確保しておく必要があるか、いかなる専門家と連携しておく必要があるか、また、日時の経過に伴う相談内容の変化を事前に予測し、あらかじめどのような調査を行う必要があるか、といったような備えが可能となります。

　さらに、これらの相談の声を集約したものが、立法提言などを行うための貴重な資料となることもあります。そして、行政との協定締結を推進する際や、行政と連携し支援活動を行う際にも、詳細な記録が存在することは極めて有意義です（例えば広島県では、西日本豪雨災害の発生後、相談に関する件数分析の結果、多くの相談が寄せられていることも踏まえて県との間で発災時における専門家派遣協定が締結されました）。

以上のような意味において、相談内容の集約には、弁護士に課せられた「被災地責任」を果たすための重要な機能があります。

　よって、被災者との法律相談においては、一般の法律相談における以上に記録化を意識し、相談者の性別や年齢、相談場所、相談内容などを記録化できるような相談シートを用意しておく必要があります。

　なお、平成30年7月に発生した西日本豪雨災害についても、被災地の単位会や日弁連において相談記録を逐次集約・分析しており、今後の災害発生に対する備えとしています。

Q03 被災地支援の経過を記録化するべきですか。

A 被災地支援の記録化は、災害の特徴をつかむと同時に、将来同種の災害が発生した場合の備えにもなり、さらには立法事実の集積による立法提言など、極めて重要な異議がありますから、可能な限り記録化するのが望ましいです。

解説

　災害発生直後は、実際に被災地へ赴いて法律相談活動等を実施するのに精一杯で、記録化を考える余裕はないかもしれません。

　しかし、相談内容や被災地での支援活動を集約して分析することによって、その災害による被災者が抱える問題が明らかになります。また将来同種、又は異なる種類の災害が他の地域で発生した場合に、どのタイミングでどのような対策をとる必要があるのか等について記録が大変参考になります。被災地等における相談の声を集約することで、立法提言を行うための貴重な材料とすることもできます。

　以上のように、被災地支援の経過を記録化することは、弁護士としての「被災地責任」を果たすことにもつながります。そのため、被災地支援の際にも記録化することを想定して、相談者の性別や年齢、相談場所、相談内容などを分類することができるように相談シートを用意することを考えてもよいでしょう。

　例えば、広島では豪雨災害から約1年が経過した時点で、相談事例

250件の分析をしたうえで記者会見を行ったことにより、罹災証明の認定のあり方などについての問題意識が報道されたことにつながりました。

　広島弁護士会の分析結果は、弁護士会の一般公開のホームページにも掲載されています。

5 参考文献等

 土砂災害に係る参考文献にはどのようなものがありますか。

 土砂災害法制に係る参考文献は多数ありますが、さしあたり「解説」記載の文献をお勧めします。

解説

1 はじめに

災害に係る弁護士の活動を俯瞰した場合、

防災 → 発災 → 救助 → 復旧 → 復興 → 平時

という時系列を念頭に置くのが有益です。これは、土砂災害が発災したケースについても当てはまります。

そこで、前記時系列を念頭に置いて参考文献を紹介することとします。

なお、以下の文献は、当然ながら必ずしも網羅的ではありませんが、お勧めしたい文献として紹介します。ちなみに、法令・通知通達等は、各主務官庁のホームページ等で検索できます。

2 法規集

(1) 災害法制の全体を俯瞰できるもの

① 『防災・危機管理六法』
② 『災害白書』

1の時系列を前提として、弁護士が支援等に関与するについて参考にすべき文献をとりまとめる場合、法律専門家としては、災害に係る法令を念頭に置く必要があります。さしあたり、『平成30年版　防災白書　内閣府』の附属資料28「主な災害対策関係法律の類型別整理表」が参考になります。

　災害に係るこれらの法令全体を俯瞰する文献としては、『防災・危機管理六法』（新日本法規）が挙げられます（ただし、同書は平成24年度版までの発行は確認できておりますが、その後の改訂は確認されておらず、若干古くなっていることに留意する必要があります。早期の改訂が望まれます）。

　(2)　土砂災害に係る各種法令に関するもの

---

　③　土砂災害に関するもの－河川法研究会編『河川六法〈平成31年版〉』

　④　消防組織法・消防法に関するもの－近代消防社編集局編『注解 消防関係法規集』

　⑤　廃棄物処理法に関するもの－（公財）日本産業廃棄物処理振興センター編『廃棄物処理法令（三段対照）・通知集』

---

　③は水害・津波・高潮などに関連する法令（河川法・砂防法・海岸法・水防法都市水害関連法など）が収録されたものであり、法令改正に当たっての通知・通達などから改正法の目的・趣旨・理念・制度等が確認できるものです。法令の取扱説明書のようなものです。④は消防に関する法規集であり、特に、消防組織法についてのまとまった文献として紹介します。⑤は災害廃棄物に関する法規集として紹介します。東日本大震災時の基本通知が掲載されております（詳しくは環境省のホームページを検索願います）。

第3部・5　参考文献等

3　解説書1－防災から復興までの全体に係るもの

(1)　災害対策基本法に係るもの

⑥　防災行政研究会編『逐条解説災害対策基本法〈第3次改訂版〉』ぎょうせい

災害対策基本法は、災害対策に係る基本法であり、

防災　→　救助　→　復旧　→　復興

の全期間を対象として、市町村・都道府県・国の責務・権限・住民や関係機関との役割等について規律した法律です。本書は、災害対策基本法の制定から改定の経緯、各条文の逐条解説及び政令・施行規則・基本通知、関連法令の摘示等を網羅した書籍であり、災害支援に関係する者の必読書として位置付けられます。

(2)　土砂災害関係に係るもの

⑦　『土砂災害防止法令の解説〈改訂版〉』(一社) 全国治水砂防協会

本書は、土砂災害警戒区域等における土砂災害防止対策の推進に関する法律（平成12年法律第57号）の制定経緯等を収める総則と、逐条解説（総則・基本指針・土砂災害計画区域・土砂災害特別警戒区域・避難に資する情報の提供等、各章の逐条解説）と、「都道府県と気象庁が共同して土砂災害警戒情報を作成発表するための手引き」（平成19年4月改定版）などが収められています。なお、基本通知については文献③が有益です。

⑧　水防法研究会編著『逐条解説水防法〈第二次改訂版〉』ぎょうせい

本書は、水防の重要性、水防法制定の経緯の指摘のうえ、水防法に

309

ついて逐条解説をして、参考資料として、水防団関係基礎データ、洪水情報関係基礎データを収め、関係法令として水防法令、基本通知及び河川法、気象業法等を収めています。「水防法制定の経緯」及び末尾に資料として添付された「水防法制の沿革」から、河川法との関わりで水防法が制定された経緯等が論述されており、入門書としても有益です。

4 解説書2－救助・復旧段階に係るもの

⑨ 災害救助実務研究会編著『災害救助の運用と実務〈平成26年版〉』第一法規

本書は、災害救助法・同施行令・施行規則・各種基本通知の説明がほぼ網羅されており、災害救助法の構成・解釈・運用を知るための必読書です。救助段階で我々支援者が直面する各種問題について、その根拠法令と運用の根拠を確認し、各種声明・意見書・提言書等を発出する際に、必ず当たる必要のある文献です。

⑩ 津久井進『Q＆A被災者生活再建支援法』商事法務研究会

本書は、いわゆる生活再建支援金の受給資格や支給額等に関する被災者生活再建支援法の概説書です。同法律に係る個別論点がほぼ網羅されており、被災者支援に当たる者の必携書です。

⑪ 災害救助実務研究会編『災害弔慰金等関係法令通知集〈平成26年版〉』第一法規

本書には、災害弔慰金、災害障害見舞金、災害援護資金の貸付についての逐条解説と、基本通知が収められています。本法の制定過程、災害援護資金貸付の免除・猶予に関する仕組みなどが、解説されてい

第3部・5　参考文献等

ます。

　なお、震災関連性に係る基準（いわゆる「長岡基準」等）について
は特に触れていないこと、この問題については関連法令や日弁連・単
位会の各種声明等をホームページで確認する必要があること、また、
災害援護資金貸付の免除・猶予・減額に関する基本通知が手薄であり、
運用根拠の説明が不足しているので、早期に補充されることが望まれ
ます。

5　解説書3－災害廃棄物・激甚災害制度に係るもの

　(1)　災害廃棄物に係るもの

> ⑫　坂口洋一『環境法案内』上智大学出版
> ⑬　廃棄物資源循環学会監修・島岡隆行＝山本耕平編『災害廃棄
> 　　物』中央法規出版
> ⑭　環境新聞編集部編『東日本大震災　災害廃棄物処理にどう臨
> 　　むかⅠ～Ⅲ』環境新聞社

　⑫は廃棄物処理法をはじめとする「環境法」の概説書です。一般廃
棄物と産業廃棄物の区分や、災害廃棄物は一般廃棄物に分類されると
いう基礎的な情報をはじめ、初学者が廃棄物処理法を学ぶ際に有益で
す。⑬は阪神・淡路大震災の知見を踏まえての災害廃棄物の処理の理
念・手法等について論じられた文献であり、⑭は東日本大震災の被災
地における災害廃棄物の処理の経緯等がインタビュー形式で記された
文献です。なお、既に指摘のとおり、東日本大震災や平成30年西日本
豪雨に係る各種基本通知は、環境省のホームページで検索できます。

(2)　激甚災害制度に係るもの

⑮　災害対策制度研究会『必携激甚災害制度の手引き』大成出版
社

大規模な災害が発災した場合には、いわゆる激甚法に基づき、激甚
災害及びこれに対し適用すべき措置が政令で指定されるのが通例です。
その制度の解説書として、本文献を紹介します。激甚災害制度、主な
適用措置の概要、激甚災害制度Ｑ＆Ａ、参考資料（激甚災害指定基準
等）に係る論考が収められております。

6　解説書4－立法に係るもの

⑯　大森政輔＝鎌田薫編『立法学講義』商事法務

我々弁護士は、支援活動を通していわゆる立法事実をとりまとめた
場合、それを法制度に反映させる必要を常日頃感じているところです。
しかし、我が国では、大学法学部の「憲法」の講義で、「国会」「内
閣」「地方自治」に係る日本国憲法の仕組み等を学ぶ機会はあります
が、立法事実をどのように法令化し政策に反映させ得るか（手法等）
について、学ぶ機会はほとんどありません。

本書は、元内閣法制局長の大森政輔氏と民法学者の鎌田薫氏が編集
した「立法学講義」であり、「立法学とは何か」「立法の企画立案」
「法律案の提出から成立まで」「立法過程の実例」「立法技術」「各国の
立法事情」の各章を通して、我々が被災者支援活動で獲得した立法事
実をどのように国政や地方自治体で実現できるかを考えるよき文献と
いうことができます。

312

6 支援制度一覧表

 どのような被害に対し(家族の死、建物の損壊など)、どのような支援を受けられる可能性があるのでしょうか。

 以下に整理したように、様々な支援制度があります。

解説

本書で取り上げた被災者のための支援制度(広義)の一覧は以下のとおりです。

支援の種別	支援の詳細	本書で取り上げた箇所のQ
被災直後の避難生活	避難所	【第1部-2-Q1】
土砂の撤去・片付け	災害ボランティアによる支援	【第1部-1-Q15、4-Q3】
	自宅への流入	【第1部-3-Q1・Q7、4-Q2~4、5-Q2・5】
	田んぼへの流入	【第1部-4-Q5・Q6】
	危険な隣地の土砂	【第1部-3-Q6】
	墓地の再建	【第1部-2-Q13】
支援制度利用のスタート	罹災証明書	【第1部-1-Q2~7】

住む場所の支援	仮設住宅	【第1部-1-Q13】
自宅の修理	応急修理制度	【第1部-2-Q2】
	被災度区分判定	【第1部-1-Q3】
自宅の解体	公費解体	【第1部-3-Q7】
お金の支援（もらえる）	義援金	【第1部-2-Q14】
	被災者生活再建支援金	【第1部-2-Q5】
	災害弔慰金	【第1部-2-Q6】
生活保護の関係		【第1部-1-Q10、11-Q2】
ローン・融資の問題		【第1部-9-Q1～Q7】
保険の関係		【第1部-8-Q1～Q6】
事業への支援	農業関係	【第1部-2-Q12】
	その他一般	【第1部-10-Q1～Q6】
税務上の支援制度		【第1部-1-Q11】
その他の支援制度	学費・医療費等	【第1部-1-Q12】
	その他の支援制度全般	【第1部-2-Q1～Q14】
支援制度に関わる問題	住民票と被災場所の関係	【第1部-2-Q9】

　以上は、本書で紹介した支援制度のQ&Aを整理したもので、実際の支援制度は前記にとどまりません。各種支援制度についての詳細は、以下の各ウェブサイト等をご参照ください。

　なお、ここでの支援制度がすべての災害、また被災者の皆様全員に適用されるわけではないことにご留意ください。

第3部・6　支援制度一覧表

参考：支援制度に関する情報

・日弁連・被災者生活再建ノート

https://www.nichibenren.or.jp/jfba_info/publication/pamphlet/saiken_note.html

・関弁連・被災者支援チェックリスト

http://www.kanto-ba.org/news/checklist20190116.pdfからDL可能

・内閣府・被災者に対する支援制度

http://www.bousai.go.jp/taisaku/hisaisyagyousei/seido.html

・支援制度情報提供サービス（支援制度の検索が可能）

https://www.r-assistance.go.jp/

執筆者一覧（初版及び改訂版／五十音順）

（2019年6月時点）

葦名　ゆき（あしな　ゆき）

静岡県弁護士会／日出町法律事務所

荒川　葉子（あらかわ　ようこ）

滋賀弁護士会／荒川法律事務所

荒木　裕之（あらき　ひろゆき）

岡山弁護士会／荒木法律事務所

粟井　良祐（あわい　りょうすけ）

広島弁護士会／あわい総合法律事務所

安藤　建治（あんどう　けんじ）

東京弁護士会／やまぶき法律事務所

石森　雄一郎（いしもり　ゆういちろう）

広島弁護士会／石森総合法律事務所

一久保　直也（いちくぼ　なおや）

広島弁護士会／一久保法律事務所

伊藤　考一（いとう　こういち）

札幌弁護士会／伊藤・大出法律事務所

伊野部　啓（いのべ　けい）

高知弁護士会／伊野部法律事務所

今井　寧子（いまい　やすこ）

福岡県弁護士会／黒野法律事務所

今田　健太郎（いまだ　けんたろう）◆

広島弁護士会／弁護士法人あすか

上羽　徹（うえば　とおる）

奈良弁護士会／南都総合法律事務所

宇都　彰浩（うと　あきひろ）◆

仙台弁護士会／宇都・山田法律事務所

遠藤　啓之（えんどう　ひろゆき）

東京弁護士会／田島・寺西法律事務所

及川　善大（おいかわ　よしひろ）

山形県弁護士会／及川法律事務所

執筆者一覧

大沼　宗範（おおぬま　むねのり）

東京弁護士会／弁護士法人東京パブリック法律事務所

大野　遼太（おおの　りょうた）

島根県弁護士会／岡崎法律事務所

大山　知康（おおやま　ともやす）

岡山弁護士会／弁護士法人ゆずりは新見法律事務所

岡城　直幸（おかしろ　なおゆき）

鳥取県弁護士会／岡城法律事務所

岡本　正（おかもと　ただし）

第一東京弁護士会／銀座パートナーズ法律事務所

奥田　亜利沙（おくだ　ありさ）

広島弁護士会／弁護士法人広島総合法律会計事務所

小口　幸人（おぐち　ゆきひと）

沖縄弁護士会／南山法律事務所

小野寺　宏一（おのでら　こういち）

仙台弁護士会／弁護士法人青葉法律事務所

鹿瀬島　正剛（かせじま　せいごう）

熊本県弁護士会／弁護士法人リーガル・プロ

金谷　比呂史（かなや　ひろし）

福岡県弁護士会／加藤・佐藤法律事務所

加畑　貴義（かばた　たかよし）

東京弁護士会／多摩の森綜合法律事務所

上川　清（かみかわ　きよし）

鹿児島県弁護士会／城山総合法律事務所

亀山　元（かめやま　はじめ）

大阪弁護士会／高階＆パートナーズ法律事務所

川嶋　将太（かわしま　しょうた）

京都弁護士会

神田　友輔（かんだ　ゆうすけ）

第一東京弁護士会／松尾法律事務所

神戸　正雄（かんべ　まさお）

岐阜県弁護士会／神戸法律事務所

執筆者一覧

木口　充（きぐち　みつる）

大阪弁護士会／かがやき総合法律事務所

工藤　舞子（くどう　まいこ）

福岡県弁護士会／法テラス福岡法律事務所

倉本　義之（くらもと　よしゆき）

第一東京弁護士会

黒岩　英一（くろいわ　えいいち）

長崎県弁護士会／弁護士法人ALAW&GOODLOOP長崎オフィス

黒木　昭秀（くろぎ　あきひで）

宮崎県弁護士会／黒木昭秀法律事務所

小出　薫（こいで　かおる）

新潟県弁護士会／柏崎きぼう法律事務所

小海　範亮（こかい　のりあき）

第二東京弁護士会／マザーシップ法律事務所

後藤　真理（ごとう　まり）

静岡県弁護士会／沼津大手町法律事務所

小森　暢之（こもり　のぶゆき）

広島弁護士会／小森法律事務所

在間　文康（ざいま　ふみやす）

第二東京弁護士会／弁護士法人空と海そらうみ法律事務所

坂田　知範（さかた　とものり）

徳島弁護士会／田中法律事務所

貞弘　貴史（さだひろ　たかふみ）

東京弁護士会／中城・山之内法律事務所

佐藤　英樹（さとう　ひでき）

岩手弁護士会／佐藤英樹法律事務所

佐藤　邦男（さとう　くにお）

広島弁護士会／弁護士法人広島みらい法律事務所

佐藤　文行（さとう　ふみゆき）

第二東京弁護士会／のぞみ総合法律事務所

澤　健二（さわ　けんじ）

愛知県弁護士会／旭合同法律事務所

執筆者一覧

繁松　祐行（しげまつ　まさゆき）

大阪弁護士会／北口・繁松法律事務所

杉岡　麻子（すぎおか　あさこ）

東京弁護士会／東京はやぶさ法律事務所

鈴木　秀昌（すずき　ひでまさ）

第二東京弁護士会／桜こみち総合法律事務所

鈴木　世里子（すずき　よりこ）

第二東京弁護士会／紀尾井町法律事務所

砂本　啓介（すなもと　けいすけ）

広島弁護士会／弁護士法人広島総合法律会計事務所

酢谷　昌司（すや　しょうじ）

金沢弁護士会／泉が丘法律事務所

髙橋　佑輔（たかはし　ゆうすけ）

秋田弁護士会／仲小路法律事務所

髙畠　希之（たかばたけ　まれゆき）

東京弁護士会／日比谷見附法律事務所

瀧上　明（たきうえ　あきら）

岩手弁護士会／弁護士法人空と海そらうみ法律事務所陸前高田事務所

田崎　俊彦（たさき　としひこ）

兵庫県弁護士会／神戸花くま法律事務所

田尻　由希子（たじり　ゆきこ）

三重弁護士会／みろく法律事務所

舘山　史明（たてやま　ふみあき）

群馬弁護士会／舘山法律事務所

津久井　進（つくい　すすむ）◆

兵庫県弁護士会／弁護士法人芦屋西宮市民法律事務所

友清　一郎（ともきよ　いちろう）

広島弁護士会／白島綜合法律事務所

永井　幸寿（ながい　こうじゅ）

兵庫県弁護士会／アンサー法律事務所

永田　豊（ながた　ゆたか）

千葉県弁護士会／ソレイユ法律事務所

執筆者一覧

永田　毅浩（ながた　たけひろ）
第一東京弁護士会／弁護士法人日本橋さくら法律事務所

中野　明安（なかの　あきやす）
第二東京弁護士会／丸の内総合法律事務所

永野　海（ながの　かい）◆
静岡県弁護士会／中央法律事務所

中野　尊仁（なかの　たかひと）
釧路弁護士会／太陽総合法律事務所

永淵　智（ながぶち　さとる）
山梨県弁護士会／永淵総合法律事務所

成廣　貴子（なりひろ　たかこ）
広島弁護士会／弁護士法人広島みらい法律事務所

二宮　淳悟（にのみや　じゅんご）
新潟県弁護士会／新潟合同法律事務所

野垣　康之（のがき　やすゆき）
愛媛弁護士会／野垣法律事務所

野条　泰永（のじょう　やすひさ）

福井弁護士会／伊藤・野条法律事務所

橋場　丈俊（はしば　たけとし）

青森県弁護士会／橋場法律事務所

畑佐　幸範（はたさ　ゆきのり）

岡山弁護士会／弁護士法人岡野法律事務所岡山支店

服部　達夫（はっとり　たつお）

京都弁護士会／アクシス法律事務所

濱野　滝衣（はまの　たきえ）

広島弁護士会／大本卓志法律事務所

濱本　信成（はまもと　のぶなり）

広島弁護士会／福山正剛法律事務所

林　雅子（はやし　まさこ）

広島弁護士会／法テラス広島法律事務所

久行　康夫（ひさゆき　やすお）

広島弁護士会／久行法律事務所

執筆者一覧

平岡　路子（ひらおか　みちこ）

福島県弁護士会／相馬ひまわり基金法律事務所

堀井　秀知（ほりい　ひでとも）

徳島弁護士会／浅田法律事務所

本田　麻実（ほんだ　まみ）

広島弁護士会／弁護士法人岡野法律事務所

本間　博子（ほんま　ひろこ）◆

東京弁護士会／信和法律事務所

前原　淑恵（まえはら　よしえ）

広島弁護士会／広島大学ハラスメント相談室

増市　徹（ますいち　とおる）

大阪弁護士会／共栄法律事務所

松尾　朋（まつお　とも）

福岡県弁護士会／松尾・足立法律事務所

松尾　政治（まつお　まさはる）◆

福島県弁護士会／相馬ひまわり基金法律事務所

宮坂　大吾（みやさか　だいご）

長野県弁護士会／宮坂大吾法律事務所

宮下　和彦（みやした　かずひこ）

福岡県弁護士会／吉野・宮下法律事務所

森川　憲二（もりかわ　けんじ）

兵庫県弁護士会／ひょうご総合法律事務所

柳川　正剛（やながわ　せいごう）

和歌山弁護士会／SK法律事務所

山谷　澄雄（やまや　すみお）◆

仙台弁護士会／山谷法律事務所

行武　謙一（ゆくたけ　けんいち）

佐賀県弁護士会／西九州総合法律事務所

横田　直哉（よこた　なおや）

埼玉弁護士会／白鳥法律事務所

吉江　暢洋（よしえ　のぶひろ）

岩手弁護士会／川上・吉江法律事務所

執筆者一覧

吉野　大輔（よしの　だいすけ）

福岡県弁護士会／吉野・宮下法律事務所

米村　俊彦（よねむら　としひこ）

横浜弁護士会／加藤法律事務所

頼金　大輔（よりかね　だいすけ）

福島県弁護士会／岩渕敬法律事務所

渡辺　淑彦（わたなべ　としひこ）

福島県弁護士会／浜通り法律事務所

◆は改訂版の編集担当委員

サービス・インフォメーション
──── 通話無料 ────

① 商品に関するご照会・お申込みのご依頼
　　　　　TEL 0120 (203) 694／FAX 0120 (302) 640
② ご住所・ご名義等各種変更のご連絡
　　　　　TEL 0120 (203) 696／FAX 0120 (202) 974
③ 請求・お支払いに関するご照会・ご要望
　　　　　TEL 0120 (203) 695／FAX 0120 (202) 973

●フリーダイヤル（TEL）の受付時間は、土・日・祝日を除く
　9:00～17:30です。
●FAXは24時間受け付けておりますので、あわせてご利用ください。

改訂版　弁護士のための水害・土砂災害対策ＱＡ
－大規模災害から通常起こり得る災害まで－

2015年12月25日　初版発行
2019年 7 月25日　改訂版発行
2020年 1 月20日　改訂版第 2 刷発行

編　著　　日本弁護士連合会
　　　　　災害復興支援委員会

発行者　　田 中 英 弥

発行所　　第一法規株式会社
　　　　　〒107-8560　東京都港区南青山2-11-17
　　　　　ホームページ　https://www.daiichihoki.co.jp/

装　丁　　篠　　　隆　二

弁護士災害ＱＡ改　ISBN978-4-474-06664-9　C3032　(7)